섭식장애

Abnormal Psychology

김정욱 지음

_ 먹는 것 뒤에 가려진 심리적 문제

학지사

'이상심리학 시리즈'를 내며

21세기를 살아가는 우리는 급격한 변화와 치열한 경쟁으로 이루어진 현대사회에 적응해야 하는 커다란 심리적 부담을 안고 있다. 이러한 현실 속에서 현대인은 여러 가지 심리적 문제와 장애에 직면하게 될 가능성이 높다.

정신건강에 대한 사회적 관심이 증대되면서, 이상심리나 정신장애에 대해서 좀 더 정확하고 체계적인 지식을 접하고자 하는 사람들이 늘어나고 있다. 그러나 막상 전문서적을 접하게 되면, 난해한 용어와 복잡한 체계로 인해 쉽게 이해하기 어려운 것이 현실이다.

이번에 기획한 '이상심리학 시리즈'는 그동안 소수의 전문가에 의해 독점되다시피 한 이상심리학에 대한 지식을 일반 독자들에게 소개하기 위한 것이다. 이를 위해서 다양한 정신장애에 대한 최신의 연구 내용을 가능한 한 쉽게 풀어서 소개하려고 노력하였다.

'이상심리학 시리즈'는 서울대학교 심리학과 임상 · 상담 심리학 교실의 구성원이 주축이 되어 지난 2년간 기울인 노력의 결실이다. 그동안 까다로운 편집 지침에 따라 집필에 전념해준 집필자 모두에게 감사드린다. 아울러 어려운 출판 여건에도 불구하고 출간을 지원해주신 학지사 김진환 사장님과 한권 한 권마다 좋은 책이 될 수 있도록 성심성의껏 편집을 해주신 편집부 여러분에게 고마움을 표한다.

인간의 마음은 오묘하여 때로는 "아는 게 병"이 될 수 있다. 그러나 이러한 우려보다는 "아는 게 힘"이 되어 보다 성숙하고 자유로운 삶을 이루어나갈 수 있는 독자 여러분의 지혜로움을 믿으면서, '이상심리학 시리즈'를 세상에 내놓는다.

서울대학교 심리학과 교수

원호택, 권석만

2판 머리말

섭식장애의 발생 빈도가 높아지고 널리 알려지기 시작한 것은 20세기 이후다. 이것은 섭식장애의 발생이 심리적인 소인뿐만 아니라 사회문화적인 요인의 영향도 함께 받고 있음을 시사한다.

섭식장애는 'Eating Disorders'를 번역한 용어로, '식이장애' '식사장애'로도 번역된다. 영어로 'eat' 'eating'에 비해 섭식이나 식이는 좀 더 어려운 용어 같다. '먹기 장애'로 번역하면 어떨까 생각도 해봤지만 이미 섭식장애로 많이 사용되고 있어서 따르기로 했다. '거식증'과 '폭식증'이란 용어도 종종 '신경성 식욕부진증'과 '신경성 폭식증'으로 번역되는데, 식욕부진은 거식증의 심각성을 잘 반영하지 못하는 것 같아서 사용하지 않았다.

섭식장애는 크게 거식증과 폭식증으로 분류할 수 있다. 이 책에서는 거식증과 폭식증의 임상적 특징, 병인론 및 치료방법에 대해 차례로 다루고 있는데, 병인론과 치료방법에 대해서는 주로 정신역동 이론과 인지행동 이론을 중심으로 기술하였다.

거식증과 폭식증 환자들은 공통적으로 체중이 늘어나는 것을 병적으로 두려워하며, 또한 체중 정도에 따라 자기 자신의 가치를 평가하는 특징을 지닌다. 이들에게는 삶의 주요한 관심사가 체중인 것이다.

일반적으로 거식증은 장기적으로 음식을 거부하는 증상을 보이며, 끝내는 죽음에 이를 수 있는 위험한 심리장애다. 얼핏 이해하기 어려운 환자들의 이러한 행동의 이면에는 자기 자신의 자율성과 정체성을 확보하고자 하는 처절한 자기주장이 숨겨져 있을 수 있다. 평소에 고분고분하던 환자들이 갑자기 반항이 심해지고 음식을 거부하는 행동을 보이는 경우도 이런 의미로 이해할 수 있다. 환자들의 가족들이나 치료자는 먼저 환자들의 이러한 입장을 충분히 헤아려줄 수 있어야 한다. 물론 현실에서는 환자들이 쉽게 주변 사람들을 짜증나게 하거나 좌절하게 만들 수 있기 때문에 이런 일이 쉬운 것은 아니다.

이에 비해 폭식증은 엄청나게 많은 양의 음식을 먹어치우는 심리장애다. 폭식증 환자들은 살찌는 것을 두려워하면서도 폭식충동을 자제하기 어렵고, 폭식 이후에는 주로 약을 복용하거나 구토를 해서 살찌는 것을 방지하려고 한다. 그러나 거식증 환자들과 마찬가지로 폭식증 환자들 역시 폭식 증상 이면에 자신의 자율성과 응집된 정체성을 형성하기 어렵다는 심리적 문제를 감추고 있을 수 있다. 대개는 음식을 절제하거나 거부하다가 어느 순간 자제력이 무너지면서 폭식증이 생기는 경우가 많다. 이처럼 거식증과 폭식증에는 공통점이 많아서 양자를 구분해야 할지에 대해 논란이 있기도 하지만, 일반적으로는 그 행동방식과 성격 특성이 구분되는 별도의 심리장애로 분류하고 있다.

거식증과 폭식증은 하나의 증상으로 볼 수 있다. 이런 증상의 이면에는 인간의 성격 특성과 성격 문제가 영향을 줄 수 있다. 이런 증상과 성격장애는 동반해서 나타날 수 있고 실제 그럴 가능성이 높은 편이다. 그래서 섭식장애를 치료하기 위해서는 성격장애에 대한 이해 또한 필요하다고 할 수 있다.

모든 심리장애는 각 개인이 처한 상황에서 나름대로 적응하기 위한 하나의 방편으로 이해할 수 있다. 섭식장애 또한 적응적이고 자기보호적인 기능을 지니고 있다. 그러므로 섭식장애의 심리사회적 특성을 이해함으로써 우리는 섭식장애 환자들이 지키려고 한 것이 무엇인지, 그들에게 버티기 어렵고 갈등되는 것이 무엇인지 이해하는 기회가 될 수 있을 것이다.

책이 나오기까지 많은 분이 도움을 주셨다. 깊이 감사드린
다. 이 책의 부족한 부분들은 앞으로 더 많은 경험과 연구를
통해 보완해 나가도록 하겠다.

2016년

김정욱

차례

3 섭식장애를 어떻게 치료할 것인가 — 121

섭식장애란
무엇인가

1. 음식과 심리장애

1) 음식의 의미

사람들이 경험하는 심리적인 문제들은 공통된 것들이 많지만, 살아가는 시대와 사회에 따라서 나타나는 양상들에는 차이가 많다. 현대 사회에 들어와서 가장 특징적으로 나타난 심리장애의 하나로 섭식장애eating disorders를 꼽을 수 있다. 그만큼 섭식장애를 제대로 이해하면 현대인의 심성과 현대 사회의 한 단면을 이해할 수 있을 것이다.

섭식장애는 우리가 음식과 신체에 대해 부여하고 있는 의미와 무관하지 않다. 음식이란 단순히 먹는 것 이상의 의미를 지니고 있다. 그래서 음식과 관련해서 여러 가지 사건이 일어나는 것이다. 종종 아이들은 자신의 불만을 표현하기 위해서 "밥 안 먹어."를 외친다. 정치인들도 자신의 의지와 결백을 표현하기 위해서 단식을 하는 경우가 있다. 음식이 생존에 있어서 가장 기본적인 만큼 음식을 거부하는 것은 대단한 의지와 결단을 나타내는 것이다.

음식과 관련된 질서와 문화를 보면 그 나라의 문화를 알 수 있다. 인간은 먹어야 살고 또한 배설해야 살 수 있다. 둘 중에서 하나만 잘못되어도 건강하게 살기가 어렵다. 이런 기본적인 인간 행위로부터 여러 가지 문화가 유래된다. "음식을 가려 먹지 말아라." "먹으면서 말하지 말아라." "뜨겁다고 음식을 입에 넣고 불지 말아라." "음식을 남기지 말아라." "젓가락질 똑바로 해라." "어른보다 먼저 먹지 마라." 등 규제와 금지가 대단히 많다. 심지어 어느 쪽 손으로 무엇을 먹어야 하는지까지 엄격하게 제한하기도 한다. 자신의 문화에 익숙해져서 그렇지, 다른 나라에 가거나 문화권이 다른 곳에 가면 가장 먼저 문제가 되는 것이 음식 문화다.

음식은 사람 사이의 거리를 나타내기도 한다. 그래서 가깝지 않은 사람과 같이 식사를 하는 것이 고역인 경우가 많다. 반대로 함께 밥을 먹고 술 한잔하고 나면 훨씬 더 가까워진 느낌을 가질 수가 있다. 우리나라는 특히 먹고 마시는 것으로 친밀감을 형성하고 확인하는 면이 강하다. 술을 잘 마시지 못하는 사람도 오랜만에 친구를 만나면 '술 한잔해야지.' 하는 생각이 든다. 예외가 있을 수 있겠지만, 사람들이 만나서 아무 것도 먹지도 마시지도 않는다면 그 만남은 상당히 삭막해질 것이다.

음식을 먹는 것과 관련해서 이렇듯 많은 심리사회적 의미가 있다 보니, 음식과 관련된 장애가 거의 필연적으로 발생할 수밖에 없는지도 모르겠다. 더욱이 사회가 복잡해지고 현대화되면서 먹기 관련 장애는 더욱 기승을 부리는 시대로 접어들었다.

섭식장애란 음식을 먹는 데 있어서 심한 장애를 보이는 것으로, 크게 음식을 먹는 것을 거부하는 '거식증'과 지나치게 많이 먹는 '폭식증'의 두 가지 부류가 있다. 이제 전문가들은 섭식장애를 어떻게 진단하고 이해하고 있는지를 살펴보도록 하자. 이런 기준은 시대에 따라서 달라질 수 있고, 어떤 한 개인은 이런 진단기준에 딱 들어맞지 않을 수도 있다. 그러나 전문가들이 합의한 기준이 있기 때문에, 우리는 그 기준을 바탕으로 문제를 가진 사람들을 이해하고 또한 새로운 연구를 해나갈 수 있다.

2) 섭식장애의 진단기준

『정신장애의 진단 및 통계 편람 제5판Diagnostic and Statistical Manual of Mental Disorder (5th ed.): DSM-5』에서는 급식 및 섭식 장애로

진단명이 바뀌었다. 급식 및 섭식 장애는 장기간의 섭식 장애 혹은 섭식 관련 행동으로 인해 음식 섭취의 변화가 생기고 신체적 건강 및 심리사회적 기능에 심각한 손상을 가져오는 것으로 특징지어진다. 거식증, 폭식증, 폭식장애, 이식증, 되새김장애, 회피적/제한적 음식섭취장애에 대한 진단기준이 제공된다. 다음은 이들 각각에 대한 진단기준을 제시한 것이다. 그러나 이후 섭식장애에 대한 이해와 치료는 거식증과 폭식증을 중심으로 기술하였다.

(1) 거식증의 진단기준

대체로 거식증anorexia nervosa에는 4가지 진단기준이 있다. 이 진단기준은 DSM-5의 기준을 따른 것이다. 이는 현재 국제적으로 가장 통용되고 있는 기준이다.

거식증은 신경성 식욕부진증으로 주로 번역된다. 하지만 이 번역은 거식증의 심각한 음식 거부의 의미를 잘 살리지 못하는 것 같다. 이 장애는 식욕상실이나 식욕부진의 문제보다는 살이 찌는 것에 대한 압도적인 공포와 더 관련되며, 자기개념의 장애와도 관련된다. 이런 근원적인 문제가 드러나는 방식이 음식을 거부하는 것으로 볼 수 있다.

DSM-5 진단기준에 따르면, 거식증의 첫째 기준은 음식을 지나치게 먹지 않아서 최소한의 정상체중보다 체중이 덜 나가

거식증의 진단기준 (DSM-5; APA, 2013)

가. 필요한 양에 비해 지나친 음식물 섭취 제한으로 연령, 성별, 발달 과정 및 신체적인 건강 수준에 비해 현저하게 저체중이 유발된다. 현저한 저체중은 최소한의 정상 수준보다 체중이 덜 나가는 것으로 정의되며, 아동과 청소년의 경우 해당 발달 단계에서 기대되는 최소한의 체중보다 적게 나가는 것을 의미한다.

나. 체중이 증가하거나 살이 찌는 것에 대해 심한 공포를 느끼며 혹은 체중 증가를 막기 위한 지속적인 행동을 한다. 이러한 행동은 지나친 저체중일 때도 이어진다.

다. 기대되는 개인의 체중이나 체형을 경험하는 방식에 장애가 있으며, 자기평가에서 체중과 체형에 대한 지나친 압박을 하거나, 혹은 현재의 낮은 체중에 대한 심각성을 지속적으로 인식하지 못한다.

하위 유형으로 제한형과 폭식/제거형이 있다. 제한형은 지난 3개월 동안 폭식 혹은 제거 행동이 반복적으로 나타나지 않으며, 저체중이 주로 체중관리, 단식 및 과도한 운동을 통해 유발된 경우를 말한다. 폭식/제거형은 지난 3개월 동안 폭식 혹은 제거 행동이 반복적으로 나타난 경우다.

는 현저한 저체중이다. 둘째 기준은 체중이 증가하거나 살이 찌는 것을 극심하게 두려워하거나, 체중 증가를 막기 위해 지속적인 행동을 하는 것이다. 셋째 기준은 체중이나 체중을 왜곡하는 장애, 체중이나 체형이 자기평가에 지나친 영향, 저체중의 심각성 인식하지 못하는 것이다.

거식증을 진단하는 데 있어서 중요한 기준은 날씬해지고 싶은 충동이다. 구체적으로 체중이 얼마 이하일 때 거식증으로 진단을 내릴지에 대한 기준은 조금씩 변해 오고 있지만, 진단하는 데 있어서 변하지 않는 핵심은 거식증을 지닌 사람들이 날씬해지고 싶은 충동과 살을 빼야 한다는 욕구가 매우 높다는 것이다. 거식증 환자들은 살이 찌는 것을 병적으로 두려워한다. 이들은 살이 찌는 것에 공포를 느끼며, 자기 체중과 체형이 어떠하냐에 따라 자존감이 올라가기도 하고 떨어지기도 한다.

이전 연구들에서 거식증 환자들의 신체상의 혼란에 대해 관심이 많았다. 거식증이 있는 사람들이 자기의 신체 크기를 정상인에 비해 과대평가하는 경향이 있다는 것이다. 그러나 요즘은 정상인들도 마른 체중을 정상으로 지각하는 경향이 있어서 진단기준으로 삼기에는 문제가 있다. 분명한 것은 거식증 환자들은 체중 감소로 인해 생길 수 있는 심각한 결과를 부인한다는 것이다. 그 결과, 자신의 체중이나 체형을 정상인과는 다르게 지각한다.

여성의 경우, 무월경이 확실하게 거식증의 공통된 특징이며, 이는 체중 감소에서 비롯된다. 실제 체중 감소가 있기 전에도 소수의 여성에게 무월경이 발생할 수 있다. 그러나 거식증 환자는 거의 대부분 월경이 중단되기 때문에 무월경을 진단기준에 포함시킬 필요가 있다.

거식증 환자들 가운데는 주기적으로 폭식을 하는 폭식형폭식/제거형 거식증과 계속적으로 음식을 절제하는 절제형제한형 거식증이 있다. 폭식형 거식증 환자들은 대체로 절제형 거식증 환자들에 비해 더 충동적인 것으로 알려져 있다. 이들은 대부분 체중을 유지하기 위해 구토를 하거나 설사제를 남용하는 경향이 있으며, 발병 이전에는 몸무게가 많이 나가거나 비만한 편이다. 또한 이들은 절제형 거식증 환자들에 비해 충동적인 인지 유형을 지니고 있으며, 자살시도가 더 많고, 성격적으로는 흔히 경계선 성격이나 자기애성 성격 또는 반사회성 성격을 지니며, 행동을 통해 충동을 발산하는 집단으로 알려져 있다. 이런 차이점으로 인해 폭식의 유무에 따라 거식증을 2가지 유형으로 구분하고 있는 것이다.

거식증은 음식물이 풍부하고 날씬함을 매력적이라고 여기는 사회에서 흔하다. 주로 산업화된 서구 사회에서 흔하지만, 아직 다른 문화권에서는 얼마나 많은 사람이 거식증을 경험하고 있는지 체계적으로 조사되지 않고 있다. 하지만 아직도 뚱뚱한 것이 더 매력적으로 여겨지는 문화에서는 거식증에 걸릴 가능성이 더 적을 것이다.

거식증의 빈도는 증가하는 추세다. 젊은 여성들 사이에서 거식증의 유병률은 대략 0.4%인 것으로 알려져 있다. 평균 발병 연령은 17세이며, 40세 이상의 여성에게는 거의 발생하지 않는다(APA, 2013). 이 장애의 90% 이상이 여성에게서 발생한다는 점에서, 많은 학자는 사회문화적 영향 때문으로 보고 있다. 이 점에 대해서는 앞으로 더 상세히 다룰 예정이다.

거식증이 심할 경우에는 환자의 체중을 회복하고 수분과 전해질의 불균형을 교정하기 위해 환자를 입원시켜야 한다. 심한 경우에는 죽음에 이르게 되는 무서운 질병이므로, 특히 가족들이 주의를 기울여야 한다.

(2) 폭식증의 진단기준

폭식증bulimia nervosa에는 다음 3가지의 핵심 특징이 있다. 첫째, 반복되는 폭식 삽화가 있다. 폭식 삽화는 일정 시간 동안 대부분의 사람이 유사한 상황에서 같은 시간 동안 먹는 것보다 분명히 많은 양의 음식을 먹는 것으로 정의된다. 또한 먹는 것에 대한 조절능력의 상실감이 반드시 동반되어야 한다. 음식 섭취를 참을 수 없거나 한번 먹기 시작하면 멈출 수 없는 것이다.

둘째, 체중 증가를 막기 위한 반복되는 부적절한 보상 행동이 있다. 예를 들면, 구토, 이뇨제, 관장약, 다른 치료 약물의 남용, 금식 혹은 과도한 운동 등이 있다.

셋째, 체형과 체중이 자기 평가에 과도한 영향을 미친다는 것이다. 거식증과 마찬가지로 체중 증가를 두려워하고, 자신의 신체에 만족하지 못한다.

진단을 받기 위해서는 폭식과 부적절한 보상 행동이 반드시 일어나야 하며, 평균적으로 최소 지난 3개월 동안 주 1회 이상 있어야 한다.

DSM-IV 진단기준에서는 설사제 사용형과 비사용형을 구분하였다. 설사제 사용형은 폭식증이 있는 기간 동안에 규칙적으로 스스로 구토를 유도하거나 설사제, 이뇨제, 관장약을 남용한다. 설사제 비사용형은 폭식증이 있는 기간 동안 금식이나 과도한 운동과 같은 부적절한 보상행동을 하지만, 규칙적으로 구토를 유도한다거나 설사제, 이뇨제, 관장제를 남용하는 행동은 하지 않는다.

거식증과 마찬가지로 폭식증 역시 고도로 산업화된 나라에서 대개 비슷한 빈도로 발생한다고 알려져 있다. 그 밖의 다른 문화권에서는 폭식증이 얼마나 나타나고 있는지에 대한 유병률을 조사한 연구가 거의 없지만, 나라와 문화 간의 경계가 낮아지면서 점차 증가하고 있는 것 같다.

폭식증 역시 90% 이상이 여성에게서 발견되며, 청소년과 젊은 성인 여성에게서 유병률이 1~1.5%이다. 100명 가운데

폭식증의 진단기준 (DSM-5; APA, 2013)

가. 반복되는 폭식 삽화. 이는 다음 2가지로 특징지어진다.
  • 일정 시간 동안(예: 2시간 이내) 대부분의 사람이 유사한 상황에서 동일한 시간동안 먹는 것보다 분명하게 많은 양의 음식을 먹음.
  • 삽화 중에 먹는 것에 대한 조절 능력의 상실감을 느낌(예: 먹는 것을 멈출 수 없거나, 무엇을 혹은 얼마나 많이 먹어야 할 것인지를 조절할 수 없는 느낌).
나. 체중이 증가하는 것을 막기 위한 반복적이고 부적절한 보상 행동. 예를 들면, 스스로 토하기, 이뇨제, 관장약, 다른 치료 약물의 남용, 금식 혹은 과도한 운동 등이 나타난다.
다. 폭식과 부적절한 보상 행동이 둘 다 평균적으로 적어도 3개월 동안 주 1회 이상 일어난다.
라. 체형과 체중에 따라 자기평가가 과도하게 영향을 받는다.
마. 이 장애가 거식증의 삽화 기간 동안에만 발생하지 않는다.

1~2명이 폭식증에 걸린다는 것인데, 꽤 많은 사람이 폭식증으로 고통 받고 있음을 알 수 있다. 남성은 여성에 비해 1/10 정도가 폭식증에 걸리는 것으로 알려져 있다(APA, 2013).

러셀의 폭식증 진단기준

DSM-5 진단기준에 앞서 러셀(Russell, 1979)은 폭식증이라고 진단을 내리기 위해서 필요한 요소로 다음의 3가지를 말했다.

• 과식하고 싶은 강력하고 꺾기 어려운 충동

폭식증으로 진단을 내리려면 폭식을 해야 한다는 것은 명백하지만, 도대체 얼마나 먹어야 폭식인지 명쾌하게 정의하기가 어렵다. 폭식 여부를 결정하기 위해서는 대체로 다음 3가지 요소를 갖추어야 할 것이다.

첫째, 객관적인 기준이 있어야 한다. 객관성이라는 것도 한계가 있지만, 다른 사람들이 평균적으로 먹는 양보다 훨씬 더 많이 먹는 것을 기준으로 한다.

둘째, 폭식을 스스로 조절할 수 없다는 상실감으로 특징지어진다. 환자는 자신이 폭식하는 것을 막을 수가 없고, 일단 시작되면 중단하기가 어렵다고 느낀다. 다양한 우울한 기분 상태가 폭식에 선행하고 폭식을 촉발하기도 한다. 폭식 자체는 즉각적으로는 불쾌한 기분을 완화시키는 효과를 지니지만, 이런 잠깐의 편안함 뒤에는 곧이어 신체적 불편감과 살찌는 것에 대한 공포가 뒤따른다.

폭식의 마지막 기준은 먹는 것이 각각 여러 시간대에 걸쳐 있어야 한다는 것이다. 그러나 계속적으로 간식을 먹는 것은 기준에서 제외된다. 폭식의 빈도가 진단기준에 필요한지에 대해서는 생각보다 명확하지만은 않다. DSM-5 진단기준에서는

폭식 행동과 부적절한 보상 행동 모두 평균적으로 적어도 주 1
회 이상 3개월 동안 일어나야 한다고 본다.

•구토와 설사제로 살찌는 효과를 피하는 경우

설사제를 쓰느냐 쓰지 않느냐에 따라 폭식증 유형을 구분하
는 것은 몇 가지 이점이 있다. 첫째, 구토와 설사제를 사용한다
는 것은 그 사람이 종종 자신의 체중과 체형에 대해 관심을 가
지고 있다는 것을 나타낸다. 둘째, 우리 사회에서 다이어트나
격렬한 운동은 특별히 이상하게 생각하지 않지만, 스스로 구토
를 하거나 설사제를 남용하는 것은 병리적인 행동으로 생각한
다. 셋째, 설사제 사용은 쉽게 표가 나며 정의 내리고 양화할
수 있다는 장점이 있다. 넷째, 설사제를 사용하는 폭식증은 그
렇지 않은 폭식증과 정신병리가 다르다는 증거들이 많이 있다.

그럼에도 불구하고 아직 폭식증을 설사제의 사용 여부에 따
라 구분하는 것은 문제가 있다. 비록 설사제 사용 여부에 따라
폭식증을 구분하는 것이 유용하지만, 아직까지 두 집단을 명확
히 구분하기는 어렵기 때문이다.

•살이 찌는 데 대한 병적인 공포

살이 찌는 데 대한 병적인 공포는 폭식증의 핵심 정신병리로
보이며, 이런 공포가 있음으로 해서 체중을 조절하려는 행동을
하게 된다. 그러므로 폭식증은 간헐적으로 폭식을 하지만 체중
에 대해서는 별로 관심이 없는 경우와는 다르다고 볼 수 있다.

폭식증이 체중과 체형에 대해 관심을 가지고 있다고 볼 때,
폭식증은 거식증과 상당히 가깝다고 생각할 수 있다. 여러 연
구에서 두 섭식장애에는 공통된 정신병리가 있다는 것을 보여

주고 있다. 이에 따르면, 보통 정상적인 여성들도 자기 체중과 체형에 대해 관심을 가지지만, 폭식증 여성들은 훨씬 더 강한 관심을 가진다는 점에서 차이가 있다. 이런 기준을 적용할 때, 구토를 하지만 체중과 체형에 관심이 없는 사람들은 폭식증에서 배제되는 것이다.

(3) 폭식장애의 진단기준

폭식장애Binge-Eating Disorder는 폭식증과 비슷하지만 새롭게 진단에 추가되었다. 가장 큰 차이점은 폭식장애에서는 부적절한 보상행동이 없다는 것이다. 구토, 설사제 사용, 과도한 운동 같은 것이 없고 폭식 자체만 있는 것이다.

폭식장애의 핵심적 특징은, 첫째, 폭식 삽화가 반복해서 평균 최소한 3개월 동안 주 1회 이상 발생해야 하는 것이다. 폭식 삽화는 일정 시간 대부분의 사람이 비슷한 상황에서 같은 시간 동안 먹는 것보다 분명하게 많이 먹는 것으로 정의된다.

둘째, 음식을 먹는 것에 대한 조절능력의 상실감이 있다. 음식을 먹는 것을 참을 수 없거나 한번 먹기 시작하면 멈출 수 없게 되는 것이다.

셋째, 폭식으로 인해 현저한 고통이 있다고 여겨진다.

넷째, 폭식 삽화는 다음 중 최소한 3가지 특징을 지닌다. 평소보다 많은 양을 급하게 먹고, 불편하게 배가 부를 때까지 먹으며, 배고프지 않은데도 많은 양의 음식을 먹으며, 너무 많이 먹는다는 부끄러움 때문에 혼자 먹으며, 폭식 후 자기 자신에 대한 역겨운 느낌, 우울감, 죄책감을 느낀다.

(4) 이식증의 진단기준

이식증Pica의 핵심 증상은, 첫째, 영양분이 없고 음식도 아닌 물질을 하나 이상 먹는 행동이 최소 1개월 이상 지속된다. 이런 물질은 나이와 가용성에 따라 다양하다. 여기에는 종이, 비누, 천, 머리카락, 흙, 껌, 금속, 숯 등이 포함된다. 어쩌다 한두 번 궁금해서 먹어 보는 것이 아니라 지속적으로 먹는 것이 관건이다.

둘째, 비영양성, 비음식 물질의 섭취가 발달 수준에 비추어 볼 때 부적절하다. 나이 들어서 종이나 머리카락을 먹는다면 이상한 행동이 될 것이다.

셋째, 사회적 관습이거나 문화적으로 지지되지 않아야 한다. 가령 종이를 태워서 재를 먹는 사회적 의례가 있다면 해당되지 않는 것이다.

넷째, 이런 이상 섭식 행동이 지적 장애나 자폐 스펙트럼 장애나 조현병에서 나타나는 경우, 이 증상이 심각한 경우에만 별도로 진단한다.

(5) 되새김장애의 진단기준

되새김장애Rumination Disorder의 핵심 증상은, 첫째, 적어도 1
개월 동안 음식물을 반복해서 역류하는 것이다. 역류된 음식
은 되씹거나 되삼키거나 뱉어 낼 수 있다. 이러한 역류는 자주
일어나야 하고, 일주일간 적어도 수차례 일어나야 하며, 전형
적으로 매일 나타나야 한다.

둘째, 이런 역류 행동이 위장 상태나 다른 신체 상태 문제로
인한 것이 아니어야 한다.

셋째, 다른 섭식장애가 있을 때만 나타나는 것이 아니어야
한다.

넷째, 지적 장애와 같은 다른 심리장애와 관련해서 역류 증
상이 일어난다면, 그 증상 자체가 임상적으로 관심을 가질 만
큼 심각한 것이어야 하고, 개입이 필요한 우선적인 증상이어
야 한다.

(6) 회피적/제한적 음식섭취장애 진단기준

회피적/제한적 음식섭취장애Avoidant/Restrictive Food Intake Disorder
는 DSM-IV의 유아기 또는 초기 소아기의 급식장애 진단기준
을 대체하고 확장한다. 회피적/제한적 음식섭취장애의 주요
증상은, 첫째, 음식 섭취의 회피 혹은 제한이다. 이로 인해 섭
식 또는 급식 장애가 지속적으로 나타나 영양 상태나 에너지

가 부족한 상태이며, 심각한 체중 감소, 심각한 영양 결핍, 위장관 급식이나 경구 영양 보충제에 의존, 현저한 심리사회적 기능의 장애 중 하나 이상의 증상이 있어야 한다. 여기서 체중 감소나 영양 결핍이 심각한 것인지는 임상 평가에 근거한다. 또한 의존 상태는 적절한 섭취를 유지하기 위해 보충 급식이 요구되는 상태이고, 심리사회적 기능 장애는 장애의 결과로 다른 사람과 함께 밥을 먹거나 관계를 유지하는 것 같은 정상적인 사회 활동이 되지 않는 것이다.

둘째, 음식을 구할 수 없거나 문화적 관행이 아니어야 한다. 가령 종교적 단식이나 정상적인 다이어트, 문화적으로 허용되는 처벌이 아니어야 한다.

셋째, 체중이나 외모에 대한 과도한 걱정이나 장애가 없어야 한다.

넷째, 다른 의학적 상태나 심리장애로 인한 것이 아니어야 한다. 만약 다른 장애와 관련하여 발생한다면, 섭식장애가 임상적 관심을 받아야 할 만큼 심각한 것이어야 한다. ◆

2. 섭식장애의 역사

1) 거식증의 역사

날씬한 여성이 인기를 끌고 다이어트에 대한 관심이 늘어나면서, 그 부작용에 대해서나 거식증에 대해서도 대중매체와 전문 영역에서 상당히 관심을 갖고 있다.

거식증의 원인과 증상을 일차원적으로 기술하기란 어렵다. 어떤 생물학적·유전적 소인이나 어떤 성격 유형이 거식증의 원인이라고 단순히 말하기 어려운 것이다. 이 분야의 전문가들은 거식증이 심리사회적 병인론 등에서 사람들마다 특징과 원인이 다르고 매우 다차원적이라는 데 일치하고 있다. 그러므로 치료자들은 임상 실제에서 거식증 환자를 치료할 때, 지나치게 단순하고 명백한 병인론을 찾으려 해서는 안 될 것이다.

거식중의 다차원적 특성은 오늘날에 와서 훨씬 더 명백해졌다. 부분적으로 이런 특성은 문화와 상관이 높다. 최근 우리 문화가 날씬한 여성을 매력적으로 생각하기 때문에, 결과적으로 점점 더 많은 청소년이 서로 다른 이유와 배경을 갖고 날씬해지기 위해서 경직된 다이어트를 시작한다. 또한 오늘날 십대 가운데 일부는 그들이 겪는 스트레스가 무엇이든 그들의 심리적 고통으로 인해 거식중에 걸릴 수 있다. 거식중 행동은 다른 고민거리를 잊게 만들고, 쉽게 주변 동료와 사람들의 주목을 끌기 때문이다.

거식중의 과거사를 간략히 살펴보면 이론적으로나 실제적으로 매우 중요한 시사점들을 얻게 될 것이다.

17세기에 들어와서, 모턴(Morton, 1694)이 처음으로 거식중을 의학적으로 설명한 교과서를 출간하였다. 그는 결핵에 대해 기술하면서 소위 신경성 쇠약atrophy 상태를 거론하였다. 이것은 식욕감퇴, 월경불순, 음식 회피, 여윔, 과잉활동의 특징을 지닌다. 그는 이런 장애의 원인이 중추신경계의 기능장애에 있다고 보았으며, 2가지 사례를 제시하였다. 하나는 18세 소녀의 사례로, 마음의 걱정과 열정으로 인해 월경이 없어진 경우였다. 다른 하나는 16세 소년의 사례인데, 공부를 너무 열심히 하고 마음의 열정으로 인해 점차 식욕이 감퇴한 경우였다.

18세기에 이르러 1764년에 휘트Whytt가 섭식장애와 관련된

책을 저술하였다. 그는 '신경성 쇠약'을 기술하면서, 체질적인 질병은 없으면서 생기가 없고, 사려 깊지만 식욕을 잃고 소화도 잘 되지 않는 14세 소년의 사례를 보고하였다.

그 이후 약 100년간 섭식장애에 대한 중요한 설명이 나타나지 않다가 윌리엄 걸W. Gull이 1874년 처음으로 거식증anorexia nervosa이라는 용어를 만들고, 거식증에 대해 탁월한 임상적 기술을 제공하였다. 그는 세 환자의 사례를 보고하였는데, 환자들 질병의 정서적 측면에는 관심이 없었으며 무월경, 변비, 식욕감퇴, 쇠약 등을 강조하였다. 그는 이러한 증상이 청소년기에 전형적으로 시작되며, 주로 여성에게서 일어난다는 것을 주목하였고, 중대한 심리적 요소들을 고려하기 시작하였다. 그는 거식증 환자에게는 적극적인 개입이 필요함을 잘 알고 있었다. 환자는 규칙적인 시간에 음식을 먹어야 하며, 환자를 도덕적으로 통제할 수 있는 사람이 주변에 있어야 한다고 보았다.

라세그(Lasegue, 1873)는 히스테리에 관한 책에서 병의 정서적인 원인론을 강조했으며, 음식이 신체에 해로우므로 피해야 한다는 고정관념을 가진 사람에게서 이 병이 발견된다고 보았다. 그는 이 병이 발생하는 데는 자기회의, 인정받고자 하는 욕구, 가족의 역할을 포함하는 어떤 심리적 특징들이 관련됨을 주목하였다.

20세기 들어와서 시몬즈(Simmonds, 1914)는 거식증이 뇌하

수체의 퇴화와 관련된다고 생각하였다. 이후 20~30년 동안 거식증을 의학적 질병으로 보려는 경향이 많았다. 의학적 질병이란 병의 원인이 생물학적인 문제에서 비롯된다고 보는 것을 말한다. 이후 정신분석적 사고가 정신의학에 통합되면서 다시 거식증이 심리적 갈등과 관련되는 것으로 보기 시작하였다. 임상 실제에서 거식증이 무의식적 갈등과 관련된 것으로 보이는 다양한 사례를 볼 수 있다.

거식증을 심리적으로 이해하는 데 돌파구를 제공한 사람은 브루흐(Bruch, 1973)였다. 그녀는 거식증 환자의 심리에 깊이 파고들었고, 일종의 발생기원적 입장을 취하였다. 그녀는 환자가 아동기에 초기 부모-아이 상호작용이 실패하고, 이후 결과적으로 적절한 독립적인 심리적 정체성을 형성시키지 못했을 때 거식증이 생길 수 있다고 보았다. 브루흐는 거식증 환자들이 배고픔을 잘 알지 못하며, 많은 성격 문제와 삶의 문제를 가짜로 해결하는 데 섭식을 이용한다고 하였다. 또한 그런 환자들이 심리적 발달에 장애가 있으며, 자기정체성 및 자율성의 결핍, 성적인 성숙과 성정체성에 장애를 보인다고 보았다.

브루흐의 주요한 공헌 중의 하나는 가족의 역할을 강조한 것이다. 그녀는 거식증 환자들이 자신들의 욕구나 소망, 감정을 표현해도 가까운 가족들로부터 무시당했음을 지적하였다. 그러한 모아관계에서 어머니가 부적절한 반응을 보임으로써 모아 간의 상호 작용이 손상되며, 결과적으로 아이는 부모로부터의 분리에 실패한다는 것이다.

일반적으로 거식증 환자는 좋은 아이이며, 부모를 기쁘게 하며, 성공적이고 안정적이며, 심지어는 보기에는 모자랄 것이 없는 가정과 출세지향적인 부모에게서 양육된다고 본다. 환자는 보통 복종적이며 다른 사람에게 지나치게 동조적인 경향을 보인다. 거식증이 처음 드러나기 시작하면 우선 성격이 변한다. 이전에는 고분고분하던 소녀가 반항적이고, 화를 잘 내며, 불신하고, 도움과 보호를 거부하며, 자신이 먹고 싶은 것만 먹으며 원하는 만큼 야위고 싶다는 권리를 고집한다는 것이다.

브루흐에 따르면, 거식증 환자들은 매우 의존적으로 자라나며 본질적으로 자신을 쓸모없다고 생각하거나 무력하므로, 청소년기가 시작되는 시기에 적절히 대처할 준비가 부족하다. 그들은 자율성에 대한 감각이 손상되어 있으며, 그들의 미래에 대해 결정할 수가 없다. 따라서 그들은 먹는 것을 절제한다든지 하는 식으로 적어도 한 영역에서라도 자신의 신체를 통제하는 데 성공하려고 애씀으로써 자율성을 지키려고 애쓴다. 브루흐는 거식증 환자들이 부모에게 반항하는 것은 본질적으로 부모에게 굴복했을 때 자신이 무력하고 쓸모없다고 느껴지는 것을 방어하고, 핵심적인 정체성이나 자율성을 분명하게

지니지 못한 것을 방어하기 위한 것이라고 보았다. 하지만 거
식증 환자들은 정체성을 방어하는 데 결국 실패하게 되고, 자
신을 더 고립시키고 무력하게 만드는 방향으로 이루어진다.

브루흐는 거식증 환자의 인지적 혼란을 처음으로 잘 기술
하였으며, 이들 환자 중 다수가 형식적 조작기로 완전히 들어
가지 못해서 추상적 사고와 평가를 할 수 없었음을 지적하였
다. 이로 인해 거식증 환자들은 초기 아동기 사고 특징인 자아
중심성을 보이고, 매우 구체적인 수준에서 사고를 하는 것으
로 특징지어진다.

브루흐의 선구적인 업적에 뒤이어, 거식증에 대한 다른 연
구자들이 등장하기 시작하였다. 이들 중 다수가 초기 정신분
석적 이해와 이후의 대상관계 이론을 결합시키려고 하였다.
매스터슨(Masterson, 1977)은 거식증 환자는 자기표상과 대상표
상이 왜곡되어 있고, 분리-개별화에서 어려움이 있는 것으로
보았다. 이 말은 자기 자신과 대상, 즉 다른 사람을 일관되게
좋은 사람으로 생각하기 어렵고, 어머니로부터 심리적으로 독
립해서 자기 자신의 능력을 발휘하는 데 어려움이 많다는 의
미다.

그는 거식증 환자가 어머니로부터 분리되려고 할 때마다
어머니가 억제를 하고 아이에 대해 비판적이고 적대적인 경우
와 거식증 환자가 보다 퇴행적인 행동을 하고 매달리는 행동을

할 때 어머니가 더 좋아하고 보상을 주는 경우를 기술하였다. 환자가 자율성을 지니기 위해서는 부적절감과 더불어 죄책감과 공허감을 느끼며 나쁜 자기가 되어야 하지만, 어머니에게 매달리고 붙어 있으면 보상을 받고 좋은 자기가 될 수 있다.

사우어즈(Sours, 1980)는 거식증 환자들은 자기 자신과 타인을 독립된 존재로 보기 어렵고 자존감이 쉽게 낮아진다고 보았다. 이는 거식증 환자들이 다른 사람이 자신을 인정하느냐 비판하느냐에 대해 지나치게 민감하고, 그에 따라 자기의 가치를 매긴다는 의미다. 그는 이들이 영양음식물이 부족할 뿐만 아니라 치료적 동맹을 형성하는 자아 능력도 부족하다는 것을 지적하였다.

코헛(Kohut, 1971)의 자기심리학적 관점을 거식증 치료에 적용하려는 시도들이 있었다. 굿싯(Goodsitt, 1969)은 거식증 환자가 발달 초기에 어머니의 적절한 양육을 받지 못함으로써 자기체계를 발달시키는 데 실패한 것으로 보았다. 그의 관점에서 보면, 거식증 환자는 공감적인 어머니를 내재화하지 못해서 성공적으로 어머니로부터 분리될 수가 없었다고 볼 수 있다. 이들은 스스로 자기 자신의 안녕감을 조절하고 응집감을 느끼며 자신의 긴장이나 자존감을 조절할 수 없는 것이다.

생물학적 관점을 살펴보면, 최근에 와서 나타난 많은 생물학, 심리약물학 관련 이론은 거식증이 아편수용기와 관련해서 시상하부에 기능장애가 있는 것으로 가정한다. 시상하부는 보통 섭식중추라고 부르는 곳으로, 섭식에 정상적으로 관여된다. 신경전달물질의 장애로 인해 거식증이 일어나는지, 아니면 반대로 거식증이 일어난 결과 영양결핍에 따른 기능장애가 생긴 것인지는 아직 분명하지 않다.

흥미롭게도 몇 세기에 걸쳐 거식증을 보인 사람들은 대부분 여성이었고, 이런 추세는 오늘날도 마찬가지여서 거식증으로 진단된 사람의 약 90%가 여성이다. 그 중에서도 대부분이 젊은 여성과 여성 청소년이다. 그러므로 심리치료자들은 거식증을 효과적으로 치료하기 위해서 여성심리학을 이해할 필요가 있다.

2) 폭식증의 역사

폭식증 진단이 내려진 것은 오래되지 않았지만, 서구 유럽에서는 2,000년 이상 거슬러 올라가도 폭식과 관련된 기록들을 찾아볼 수 있다. 이런 기록에는 병리적인 탐욕 상태와 과도한 음식의 섭취가 일관되게 포함되어 있다. 폭식증bulimia nervosa의 어원을 살펴보면, 그리스어 'bous'는 황소를 의미하고 'limos'는 배고픔을 의미한다. 폭식증이라는 단어는 보통 황소처럼 많이 먹는 식욕을 가리키지만, 때로 황소를 먹을 수 있는 정도를 의미할 수도 있다. 폭식증을 의미하는 단어들이 14세기부터 20세기에 걸친 여러 문헌에서도 쉽게 발견되는데, 개처럼 먹는다는 의미에서 '개 같은 식욕cynorexia/canine appetite' 이라고 부르기도 한다.

4세기경에 갈렌Galen은 폭식 증상을, 음식을 갈구하고 쇠약하며 창백하고 사지가 차고 배에 압박감을 느끼는 것으로 정의 내렸다. 동시대 시리아의 의학 교재에서도 'bolimos'와 '개 같은 욕망'을 언급하면서, 이것들을 추위와 허약, 공허감으로 위가 약해져서 강한 식욕을 느끼는 것으로 보았다. 또한 동시대 유대인들의 탈무드에서도 음식 섭취에 대한 판단이 흐려지고 게걸스럽게 먹는 상태에 대해 언급하고 있다.

1세기경 로마 귀족들이 연회를 열면서 음식을 많이 먹어 배가 부르면 스스로 구토를 유도한 기록이 있지만, 그 밖의 대부분의 초기 폭식증 기록은 음식을 절제하지 못하는 것보다는 대체로 장기간 음식을 먹지 못함으로써 생긴 생리적 반응들에 대해 기술하고 있다.

중세에 들어와서는 폭식증과 관련하여 크게 2가지 대립되는 측면이 있었다. 하나는 로마 가톨릭교회가 탐식gluttony을 7가지 중죄 가운데 하나로 본 것이고, 다른 하나는 음식 공급이 불안정하고 예상 수명이 짧았기 때문에 모처럼 번영하는 시기에는 음식을 많이 먹는 것을 통제하기 어려웠다는 점이다. 이 시기에는 대규모로 과식하는 일이 드문 일이 아니었다고 한다. 중세 금욕적인 수도자들 사이에서는 참회의 한 방법으로 구토를 하는 경우가 있었는데, 시엔느의 성 카테린느St. Catherine가 대표적이다. 그녀는 나중에 자신의 이런 방법이 옳지 않다고 말했다고 한다. 보카치오Boccaccio, 초오서Chaucer 등의 문학작품에서도 대식가에 대한 언급을 찾아볼 수 있다. 그러나 폭식증이 정식으로 확인된 사례는 17세기 이전까지는 찾아보기 힘들다.

17세기 이후에는 종종 과식의 예를 발견할 수 있다. 많은 음식을 빨리 소화시키고, 비밀리에 음식을 먹거나 심야에 폭식을 하며, 구토를 해서 정상 체중을 유지하였다. 그런가 하면 뇌손상, 뇌질병, 뇌수종, 간질 등으로 인한 단기 폭식의 유형도 있었다.

20세기 들어와서, 1930년대에 폭식증은 부적응 청소년과 피난민들 사이에서 정서적 박탈, 빈약한 사회적 적응의 증상으로 보고되었다. 거식증이면서 과식을 하는 것은 1868년 걸에 의해 확인된 이래 꾸준히 증가하였다. 오늘날 진단기준에 맞는 최초의 폭식 사례는 1930년대 보고된 것으로 알려지고 있으며, 제2차 세계대전 이후 급증하였다. 1960년대 경에는 폭식과 스스로 구토를 하는 것이 폭식증의 주요 특징으로 자리 잡았다. 1970년대 들어와서 폭식증이 많이 증가하였으며, 1979년에는 마침내 섭식장애의 하나로서 인식되기에 이르렀다. ◆

3. 섭식장애의 증상

1) 거식증의 증상

거식증은 대개 청소년기의 소녀나 젊은 여성에게 흔히 나타나며, 사춘기 이전 어린이나 중년 여성 및 남성에게는 별로 나타나지 않는다. 앞에서 이미 보았듯이, 진단적으로는 체중과 몸매에 강하게 집착하며 날씬함을 맹렬히 추구하고, 이런 행동의 신체적 결과로 인해 매우 여위고 내분비 기능에 이상이 생기며 다른 영양학적 이상을 보인다.

(1) 임상적인 현상

거식증을 예전에는 히스테리의 발현, 체중 증가에 대한 공포증, 강박증, 심지어는 망상으로까지 보기도 했다. 거식증은 자기 몸에 대한 걱정에 휩싸여 있고, 실제로는 깡말랐음에도 자신이 뚱뚱하다고 지나치게 걱정하는 것을 주된 특징으로 하는 심리장애다. 거식증 환자들은 체중을 더 줄이거나 살이 찌지 않도록 하는 계획에 집착하고, 뚱뚱해지느니 차라리 죽겠다고 공공연하게 말한다. 이는 우리 사회에 만연해 있는 체중에 대한 극단적인 걱정 형태이기도 하다.

거식증 환자들은 이런 걱정과 더불어 반쯤 기아 상태와 유사한 심리적 증상들을 보인다. 예를 들어, 우울한 기분, 초조함, 사회적 위축, 성욕 상실, 음식에의 집착, 강박적인 사고반추, 그리고 마침내는 주의력과 집중력이 감소하는 경향이 있다. 가장 중요한 것은 우울한 기분을 느낀다는 것이다. 영양학적으로 회복이 되면 우울 증상은 대개 줄어든다. 이들이 흔히 보이는 먹는 것이나 음식과 관련된 심한 강박 증상도 체중이 늘면 대체로 나아진다.

거식증은 대개 성격이 내성적이면서 완벽주의를 추구하고 자존감이 낮은 사람들에게서 쉽게 발생한다. 이들은 그전에는 순종적인 완벽한 아이였다가, 갑자기 안 먹겠다고 고집을 피워서 부모를 놀라게 할 수 있다. 거식증에 걸렸을 때에는 점차 다이어트에 집착을 하면서 서서히 친구관계를 철수하고, 공부나 일에 거의 강박적으로 집중하며, 그 밖의 다른 모든 관심은 끊게 된다. 하지만 가끔은 예외적으로 거식증이면서도 외향적인 경우가 있기도 하다. 거식증 증세가 만성화됨에 따라 환자들은 자신의 증세에 더 열중하게 되고 가족이나 치료자에게 더 의존하게 된다. 이로 인해 사회활동이 제한되고 사회적 고립이 두드러지게 된다.

거식증 환자들의 정서적인 문제는 분리불안과 정체성의 어려움에서 생기는 것으로 보인다. 때로 신체적·성적 학대 경험을 감추고 있는 경우가 있다. 이런 경험은 자신이 못나고 부끄러운 존재라는 느낌을 갖게 만든다. 이때 굶는 것은 심리적인 고통을 덜어 주고 자신의 성적 발달을 통제하는 수단으로 변할 수 있다.

앞서 언급한 것과 같은 증상들이 거식증 환자들에게서 일반적으로 나타나지만, 바탕에 있는 근원적인 정신병리는 개개인에 따라 다양하다. 환자들마다 기본적인 취약성과 장애를 유발하는 사회적 압력이 다르고, 장애로부터 회복을 방해하는 요인들이 다르므로 환자들을 개별적으로 이해하고 평가해야 한다.

(2) 다이어트 및 설사제 사용 유형

거식증 환자는 에너지 섭취를 줄이거나 에너지를 소모시키는 행동을 많이 한다. 이런 행동들은 대체로 음식의 양 줄이기, 칼로리가 높은 음식 안 먹기, 운동 등과 같은 정상적인 다이어트와 관련된 것들로서, 보통 절제행동이라고 부른다.

처음 거식증이 나타날 때에는 이런 절제행동을 보이는데, 정상인도 이와 같은 행동을 보이기는 한다. 다만, 이들이 건강한 사람들과 다른 점은 환자들은 이런 행동을 하는 정도가 심하고 그것을 그만두지 못한다는 것이다. 또한 이런 절제행동을 넘어서서 신체적으로 보다 더 위험한 행동들, 즉 스스로 토하거나 설사제를 사용하는 행동으로 넘어갈 수도 있다.

• 음식 절제행동

거식증 환자가 어떤 음식을 선택할 때에는 여성잡지 같은 곳에서 나오는 의심스러운 정보나 음식에 대한 잘못된 생각에 바탕을 둔다. 그래서 잡지의 유행에 따라 환자가 거부하는 음식도 유행을 탄다. 예전에는 설탕과 탄수화물예: 고구마, 감자 등을 피했지만, 요즘에는 기름진 음식과 육류를 피하고 채식을 선호하는 것 같다. 또 칼로리가 낮은 다이어트 식품, 섬유질이 많은 음식, 비타민 등을 많이 먹는다.

한편, 이들은 식사할 때 음식을 아주 잘게 썰어서 티스푼 같은 것으로 아주 천천히 먹거나, 양념을 아주 많이 넣어 먹거나, 음료수를 아주 많이 마신다. 때로는 음료수도 적게 마시고, 음식을 몰래 버리거나, 먹으면서 칼로리를 계산하기도 한다. 하지만 이런 행동 때문에 가족과 갈등을 일으키고, 점차 가족과 같이 먹는 것을 회피한다. 이들은 늘 음식에 대한 생각에 사로잡혀 있으며, 가족의 식사를 준비하고 시장을 보는 일은 하지만, 자신은 거의 먹지 않는 특징을 보인다.

• 과잉 운동

많은 거식증 환자는 살이 찌지 않기 위해서 활동을 많이 하는데, 이 행동을 고치기는 매우 어렵다. 여기에는 2가지 형태가 있다.

첫째, 거식증 환자들은 칼로리를 소모하고 체중을 줄이기 위해 필사적으로 과도한 운동을 한다. 핑계만 생기면 계단을 오르락내리락거리며, 한 정거장 못미처 내려서 많이 걷는 일들을 몰래 하는 경우가 많다. "설 수 있거든 앉지 말고, 걸을 수 있거든 서 있지 말고, 뛸 수 있거든 걷지 말라."는 말이 이들의 모토다. 또 에어로빅이나 조깅, 수영 같은 운동을 심하게 하기도 하는데, 대개 혼자 하는 편이며 시작했다 하면 강박적으로 규칙적이고 경직된 순서로 진행한다. 게다가 이런 운동을 못하게 되면 이유야 어쨌든 죄책감까지 느낀다. 이들에게 운동이란 칼로리를 소모시켜 줌으로써 앞으로 먹을 수 있는 권리를 제공해 주는 것이다.

둘째, 일단 자신의 몸이 야위어지면 거의 모든 환자는 지속적으로 들뜬 상태를 보인다. 이런 상태는 마치 실험실의 동물이 먹이를 박탈당하면 끊임없는 과잉활동을 보이는 것과 마찬가지로, 스스로를 조절하기가 힘들어진다. 이런 들뜬 상태는 환자가 신체적으로 매우 쇠약해지고 나른해질 때까지 지속된다.

• 설사제 사용

어떤 환자들은 음식을 덜 먹는 것으로는 부족해서 스스로 구토를 하거나 설사제와 이뇨제 등을 사용하여 살을 빼려고 한다. 이런 행동들은 건강에 몹시 나쁘기 때문에 위험하며, 심각한 합병증을 유발할 수도 있다.

설사제를 사용하는 행동은 대개 지속적으로 음식을 절제했다가 어느 선에서 절제가 무너지면 반동적으로 과식이나 폭식을 하면서 비롯된다. 많이 먹은 만큼 그것을 보상하기 위해 설사제를 사용하기 시작하는 경우가 많다. 처음에야 어쩌다 한 번 해 본다는 심정으로 시작하지만, 점차 설사제를 사용하는 빈도가 늘어나게 된다. 이제는 먹고 나서도 토하거나 설사제를 사용하면 된다는 것을 알기 때문에 먹는 것에 대해 절제를 덜 하게 되는 문제도 생긴다.

설사제를 사용하는 환자들은 처음에는 구토를 하기 위해 물리적인 방법을 쓰거나 구토제를 복용해야 하지만, 곧 마음만 먹으면 토할 수 있게 된다. 또한 변비를 핑계 삼아 강한 설사제를 복용하여 설사를 유발하기도 한다. 설사를 하면 칼로리 흡수를 막을 수 있을 거라고 생각하지만, 체중이 줄어드는 것은 단지 탈수 현상에 따른 것이기 때문에 몸만 약해지고 효과를 거두지 못하는 경우가 대부분이다. 이들은 충동 통제나 약물남용 문제를 함께 갖고 있는 경우가 많다.

(3) 신체적 결과

거식증 환자의 경우 영양부족의 문제가 생기는데, 대개 가벼운 정도이지만 비타민 결핍이나 단백질 결핍이 심각한 경우도 있다. 영양부족의 정도는 체질량지수Body Mass Index: BMI로 계산할 수 있다[몸무게(kg)/키(m)²]. 신체질량지수의 정상 범위는 20~25인데 17 이하면 저체중이라고 본다.

이들은 장애 초기에는 에너지 수준은 낮지만 단백질과 다른 기초 영양분이 비교적 높은 음식을 먹는다. 거식증 환자에게서 초기의 체중 감소는 주로 지방이 빠져서 생긴다. 이후 신체가 오랜 기아 상태에 적응한 다음에는 주로 단백질 조직이 분해되기 시작하고, 세포내 수분이 손실되며, 전해질 불균형으로 진행되어 종국에는 신진대사에 문제가 생긴다.

거식증의 의학적 문제는 다양하고 때로 심각하다. 가장 흔한 증상들인 갑상선 신진대사의 변화와 무월경 등은 기아에 대해 생리적으로 적응한 결과다. 치료가 필요한 더 심각한 의학적 문제는, 특히 심하게 마르고 설사제를 남용하고 일부러 토하는 것이 만성화된 상태다. 심하면 골다공증이나 발육 정지가 일어날 수도 있다.

월경장애는 심한 체중 감소에 선행하는 경우가 많고, 체중이 회복된 후에도 몇 달간 지속된다. 거식증의 경우 난소의 퇴행이 확인되었다. 남성 환자의 경우에는 성욕이 감소하고 남성호르몬인 테스토스테론의 수준이 낮아졌다.

2) 폭식증의 증상

폭식증은 최근에야 관심을 받기 시작했지만 거식증보다 더 흔하게 나타난다. 거식증에 걸린 사람의 약 40%가 주기적으로 폭식을 한다고 알려져 있다. 폭식증은 거식증의 설사제 사용 유형과 밀접한 관련이 있고, 때로 거식증이 변형된 것으로 보기도 하지만, 거식증에 비해 환자가 정상 체중을 유지하며 영양부족이 덜 심하다는 차이점이 있다. 폭식증 환자들은 섭식을 조절할 수 없다고 느끼며, 폭식을 빈번히 하고, 이후 살찌는 것을 방지하기 위해 여러 가지 방법을 사용한다.

폭식증 환자들은 자기에게 섭식장애가 있다는 것을 스스로 알고 있다. 이들은 불쾌한 스트레스를 피하기 위한 수단으로 먹기도 한다. 폭식은 단순한 과식과는 다르다. 이들은 폭식을 하는 사이에는 엄격하게 다이어트를 하려고 하며 폭식을 하고 싶은 충동에 버텨 보려고 애를 쓰지만, 저항이 무너지면 억제할 수 없는 식욕을 느낀다. 이처럼 폭식증은 먹는 것을 너무 오래 자제하다가 생겨난다. 너무 오래 음식을 자제하고 참다 어느 순간 자제가 흔들리면, 반동적으로 훨씬 더 많이 먹게 되는 현상이 곧잘 생기곤 한다. 아마도 음식뿐만 아니라 다른 일들에서도 지나치게 자제하다가 한번 자제가 풀리면 더 걷잡기가 어려운 경험을 많이 했을 것이다.

이렇게 개인적으로나 문화적으로 필요하다고 인정되는 수준 이상으로 과도한 음식을 섭취하게 되면 비밀리에 먹기 시작한다. 음식에 대해 오래 고삐를 죄어 오다가 반대로 과식을 하게 되면, 먹은 음식을 해결하기 위해서 구토를 하거나 설사제를 사용한다. 그래서 과식을 해도 정상 체중만은 유지할 수가 있다. 이들은 대체로 자신들의 행동에 대해 죄책감을 지니는 경우가 많지만, 폭식 행위 자체가 긴장을 감소시키는 역할을 하기 때문에 쉽사리 그만두기가 어려운 것이다.

이들은 처음에는 날씬해지고 싶어서 다이어트를 하고 칼로리가 높은 음식을 먹지 않는 등 피나는 노력을 하지만, 이에 대한 반동으로 음식에 대한 생각에 더 사로잡히게 된다. 그러다 보면 굶거나 아주 조금 먹거나 그러다가 안 되면 왕창 폭식을 하거나 둘 사이를 왔다 갔다 하게 되는 것이다. 폭식을 하고 난 다음에는 스스로 토하거나 설사제를 남용한다. 이들은 아무리 먹고 싶은 만큼 먹어도 체중이 늘지 않는다는 사실이 기쁘다고 말하기도 한다.

환자들은 처음에 이런 폭식 행위를 비밀로 하기 때문에 가까운 가족들조차 몇 년이고 모를 수 있다. 때로 환자들은 폭식의 명백한 증거(냉장고를 싹 비운다든지, 설사제를 가방 하나 가득 넣어 침대 밑에 넣어두는 등)를 남겨 놓기도 하는데, 이는 고통이 너무 심해서 일부러 들켰으면 하는 마음이 있기 때문이다. 이들에게는 대체로 남몰래 먹을 수 있는 안전한 공간과 들키지 않고 구토를 할 공간이 있다. 자신의 폭식 사실을 주변 사람이 알게 되면 주변 사람들이 자신의 폭식을 나쁘게 보지 않도록 많은 애를 쓰고, 조만간 폭식 행위를 중단할 것이라고 얘기하며 자신의 행동을 그냥 지나쳐 주기를 바란다.

폭식증 환자들은 폭식을 하기 위해 자주 계획을 세우고, 방해받지 않고 마구 먹을 수 있을 때를 대비해서 음식을 저장해 놓는다. 대개 이들이 폭식하는 음식은 기름지고 달며 칼로리가 높아 평소에는 자제하고 잘 먹지 않던 음식들이다. 한 번 폭식할 때 하루에 필요한 열량의 30배를 먹어 치우기도 한다. 또한 이들은 엄청난 양을 단 몇 분 만에 먹어 치우지만, 만성화되면 천천히 먹게 된다. 한 번에 조금씩만 먹는 경우에도 끊임없이 먹어서 결국 수천 칼로리를 섭취하는 경우도 있다.

한편, 여러 가지 선행 사건이 폭식을 유발한다. 이들은 불안하고 긴장되거나 지루해도 폭식을 하고, 음식 생각이 나거나 술을 마시거나 대마초를 피운 다음에도 폭식을 한다. 데이트에 대해 불안해져도, 스트레스를 받아도, 힘든 일을 하고 나서 피곤해도 폭식을 한다. 그러나 실제로 배가 고파서 폭식을 하는 경우는 매우 드물다.

폭식증 환자들은 폭식을 하지 않기 위해 식욕억제제를 복용하기도 하고, 음식을 먹는 상황을 피하기 위해 저녁식사나 파티 초대조차 기피하는 노력을 한다. 그러나 이런 회피행동들은 결국 사회적 관계를 악화시키기 때문에 심리적인 고통을 피하기 위해 다시 폭식에 더 의존해야 하는 악순환을 낳는다.

폭식증 환자는 심리적으로 우울하고 불안과 긴장감, 무기력감을 많이 느끼며, 자기비하적인 생각을 많이 하는 것으로 알려져 있다. 과거에 성적 혹은 신체적 학대를 받았다고 보고하는 경우도 있는데, 이런 경험은 자존감을 떨어뜨리고 자기비하적 사고를 많이 하게 만들 수 있다. 종종 자살에 대해 생각하고, 폭식을 한 다음에 실제로 자살을 기도하거나 자해를 하기도 하므로 주변 사람들이 특히 주의 깊게 살펴야 한다.

폭식증 환자들은 성격상에 문제를 보이고, 대인관계가 어려우며, 자신의 충동을 통제하기 어렵고, 약물을 남용하는 등의 문제들을 비교적 많이 가지고 있다. ◆

4. 섭식장애와 성격 유형의 관계

1) 섭식장애의 성격 특성

(1) 거식증의 성격 특성

여러 연구에서 절제형 거식증 환자들의 병전 성격은 강박적이고, 사회적으로 억제적이고 순종적이며, 위험을 회피하고 정서적으로 자제하는 경향이 있는 것으로 밝혀지고 있다. 그렇지만 기아 상태로 인해 환자들의 강박성, 내향성, 의존성이 더 악화되었을 가능성도 있다.

거식증이 발생하는 데 기질적인 요인이 많은 영향을 끼쳤다고 보기도 한다. 가령, 절제형 거식증은 대개 새로운 것을 추구하려는 동기가 낮고, 위험을 회피하는 경향이 높으며, 보상에 대한 의존성이 높은 성격 특성들을 전형적으로 보이는데, 이들 특성은 유전적 성향이 높다.

비록 이런 성격 특성들이 거식증 환자들에게 전형적이기는 하지만, 거식증 환자의 성격 특성은 상당히 다양하다. 거식증 환자들에게 흔히 발견되는 유형의 성격은 심한 성격장애는 없는 가벼운 강박적 스타일, 좀 더 심한 신경증적 사회적 회피 유형, 충동성과 우울한 기분 그리고 낮은 좌절 인내력의 특징을 갖는 좀 더 심각한 유형이 있다. 폭식형 거식증은 절제형 거식증과 순종적이고 완벽주의적인 것은 비슷하지만, 좀 더 충동적이고 정서적으로 혼란스럽고 외향적이며 성적으로 적극적인 것으로 알려져 있다.

거식증에서 회복된 후에 종종 다른 심리장애가 나타날 수 있다. 대체로 우울해지거나 죄책감 등을 보일 수 있는데, 이것은 그동안 거식증을 통해 감추어 온 내면이 겉으로 드러난 것으로 볼 수 있다. 이런 경우 우울할 수 있는 것이 오히려 더 건강한 모습이다. 비록 주관적으로는 더 힘들겠지만, 진정한 자신의 모습을 피하지 않고 직면함으로써 감추어 두었던 우울이 나타나는 것이므로, 이제 스스로 우울한 원인을 파악해서 대처할 수 있게 되는 것이다.

(2) 폭식증의 성격 특성

폭식증의 주된 성격 특징은 충동적이고 대인관계에서 예민하며 자존감이 낮다. 또한 내향적이고, 만성 우울과 불안이 있으며, 좌절에 대한 인내력이 낮고, 불만이 있거나 갈등을 느낄 때 행동으로 바로 옮기는 경향이 있으며, 사회적으로 위축되어 있다. 대개 폭식증 환자들이 정상 체중을 유지하고 있다고 생각되지만, 사실은 이상적인 체중에는 미달되므로 거식증의 경우처럼 기아 상태가 성격에 영향을 미쳤을 가능성이 있다. 대체로 폭식증을 과도한 충동성과 관련된 것으로 보는 입장이 많지만, 반대로 폭식증 환자들이 좀 더 반항적이기는 해도 더 충동적인 것은 아니라고 보는 입장도 있다.

폭식증 환자들은 알코올 및 약물 중독자와 유사하게 우울, 충동성, 분노, 불안 및 사회적 위축 등의 특성들을 많이 보인다. 폭식증 환자들이 신경증적 경향성이 높다는 데 대해서는 비교적 일치를 보고 있지만, 이들이 내향적인지 외향적인지 여부에 대해서는 아직도 전문가들 사이에서 논란이 많다.

2) 섭식장애와 성격장애의 공존

성격장애가 있거나 자아기능 수준이 낮은 섭식장애 환자는 그렇지 않은 섭식장애 환자와 체중조절이나 폭식의 경력은 비슷하지만, 장애가 더 오래 지속되고 설사제를 사용하는 비율이 더 높다. 또한 성격장애가 있으면 정서적 장애가 많고, 자살이나 자살미수, 다른 가족들의 문제, 입원의 가능성이 높다.

폭식증을 가진 사람들을 추적 연구한 결과들에 따르면, 특히 경계선적 성격장애를 가진 사람들이 섭식장애를 동반할 때는 치료가 더 어려운 것으로 보인다. 이들은 치료에 잘 참가하지 않으려 함으로써 치료 효과를 감소시킬 수 있다.

섭식장애는 먹는 행위를 조절하기 어려운 문제를 가지고 있다. 이런 점은 넓게 보면 자기조절이 어려운 것으로 볼 수 있으며, 이는 성격문제, 성격장애와 관련이 높을 수밖에 없다고 할 것이다. ◆

5. 섭식장애와 가족관계

1) 섭식장애 환자 가족의 상호작용 패턴

섭식장애 환자들은 대체로 부모의 관심과 보살핌이 부족한 것으로 알려져 있다. 이러한 가족 간의 상호작용 패턴이 병인적이긴 하지만, 이들 패턴들이 섭식장애의 원인인지 아니면 오히려 결과에 해당하는지는 명확하지가 않다. 일반적으로 거식증 환자는 자신의 가족을 안정적이고 갈등이 없으며, 응집적이고 양육이 비교적 잘 되는 것으로 지각하는 경향이 있다.

반면에 폭식증 환자는 자신의 가족을 갈등적이고, 제대로 조직이 되어 있지 않고 비응집적이며, 양육과 보살핌이 결여되어 있다고 지각하는 경향이 있다. 대체로 부모들도 자신의 가족을 환자와 비슷하게 지각하기는 하지만, 환자들이 더 극단적으로 그런 경향을 보인다.

정상인과 비교할 때, 거식증 가족들은 자신들이 서로 더 얽혀 있고 과보호를 하는 것으로 지각한다. 또한 가족들 간의 경계가 분명하지 않고, 부모와 자식 간에 불일치가 생기면 개방적으로 다루지 않는 경향이 있다. 반면에 폭식증 환자의 가족들은 가족 서로 간에 의사소통 문제가 있고 적대감을 보이며, 가족 간의 경계가 명확한 편이고, 가족 서로 간에 불일치가 생겨도 회피를 덜 하는 경향이 있다.

따라서 거식증 가족들은 '일치 민감성'을 보이고, 폭식증 가족들은 '거리 민감성'을 보인다고 말할 수 있다. 거식증 환자의 가족들은 서로 일치하고 있다고 느끼고 싶어 하며, 폭식증 환자의 가족들은 서로 어느 정도 거리가 있어야 한다고 느끼는 것이다.

2) 섭식장애의 유전과 환경적 요인 영향

섭식장애가 같은 가족 내에 더 많다는 연구 결과들이 있다. 가족구성원이 섭식장애가 있는 경우 동시에 형제자매 중에 섭식장애나 체중 문제 또는 다른 심리장애를 보이는 경향이 매우 높은 편이다. 섭식장애 환자의 가까운 친척들이 섭식장애를 지닐 확률은 일반인보다 3배 정도는 되는 것 같다. 이런 결과로 볼 때 섭식장애는 유전과 환경적 요인의 영향을 모두 받는 것으로 보아야 할 것이다. 또한 섭식장애 환자의 친척들이 섭식장애가 아닌 다른 정동장애를 가질 가능성도 다른 정상 가족의 3배 정도가 된다. 알코올 사용 장애의 비율도 훨씬 높다. 그리고 섭식장애의 친척들 중에 비만 환자가 더 많다는 것이 일반적이다.

3) 부모의 역할과 양육 유형

섭식장애와 관련해서 부모의 교육적 역할이나 양육 유형에 대해서도 주목해야 한다. 임상적 관점에서 가장 흔히 관찰되는 특징은 부모의 적절한 권위가 부족하다는 것이다. 이것은 부모가 아이를 합리적이고 융통성 있게 통제하면서도 아이의 나이에 적합한 자율성을 주는 것 사이의 균형을 찾는 것이 어렵다는 것을 의미한다.

섭식장애와 부모의 양육 패턴 간의 관계를 찾는다는 것은 매우 복잡하고 어려운 일이다. 폭식증 환자들은 아동기에 특히 어머니의 돌봄이 부족하였다고 기억한다. 어머니가 '태만한 양육'을 했다고 지각하는 것이다. 이와는 반대로 아버지들은 종종 과보호를 했다고 지각된다. 따라서 환자들은 아버지를 애정은 없이 통제만 한 존재로 느낄 수 있다.

4) 부부관계와 섭식장애

결혼한 섭식장애 환자들은 부부관계에 대해 불만족도가 높았다. 이에 대해 환자나 배우자들은 보통 섭식문제가 있었기 때문에 결혼에도 문제가 생겼다고 보는 경향들이 있지만, 임상가들은 종종 반대 상황을 가정한다. 다시 말해서 이미 부부관계에서 친밀감이 부족하고, 의사소통의 결함이 있으며, 갈등을 회피하지만 숨겨진 권력 갈등이 있기 때문에 어느 한쪽 배우자가 섭식장애를 일으켰을 가능성이 높다고 보는 것이다. ◆

6. 섭식장애의 평가

섭식장애 증상들에 대한 정보를 수집하는 데는 여러 가지 방법이 있다. 가장 폭넓게 사용되는 방법들은 구조화된 면접, 자기검색, 자기보고 측정치들이다. 지속적인 치료 자체가 평가 기능을 하지만, 특히 치료 초기에는 이런 방법들을 활용하여 환자에 관해 다양한 정보를 수집하는 것이 환자를 진단하고 치료하는 데 도움이 된다.

1) 구조화된 면접

구조화된 면접이란 면접할 핵심 내용이 미리 정해져 있는 것을 말한다. 구조화된 면접을 통해 환자의 섭식 습관, 목표, 유지요인, 관련된 과거 사실들을 파악함으로써 치료 계획을 세우고 사례를 공식화할 수 있다. 환자가 한 보고의 타당성을 검증하기 위해서는 환자와 가족을 따로 면접하는 것이 좋다.

면접 시에는 각 문제행동의 인지적·행동적 선행 사건과 결과도 조사해야 한다. 특히 금방 살이 찔 것 같다고 생각되어 스스로 금하고 있는 음식이 무엇인지를 확인해야 나중에 음식에 대한 비합리적인 공포를 줄이는 노출치료에 사용할 수 있다. 폭식과 설사제 사용의 빈도, 절제적인 섭식 패턴과 같은 섭식 습관도 파악해야 한다. 또한 폭식행동을 유지하는 환경적 선행 사건과 결과를 확인해야 한다. 예를 들어, 혼자 있을 때, 집에 있을 때, 밤에, 우울할 때 주로 폭식을 한다고 보고한다.

구조화된 면접은 진단뿐만 아니라 치료 효과를 평가하는 데도 사용된다. 구조화된 면접에는 섭식장애 진단용 면접과 섭식장애검사가 있다. 섭식장애 진단용 면접Interview for Diagnosis of Eating Disorder: IDED은 거식증과 폭식증, 충동적 과식에 대한 변별 진단을 위한 것으로, 면접의 신뢰도와 타당도가 모두 높다(Williamson, 1990). 면접용 섭식장애검사Eating Disorder Examination: EDE는 반구조화된 면접방법으로 가장 타당화되어 있다. 이 검사는 절제, 섭식에 대한 관심, 체형에 대한 관심, 체중에 대한 관심 등 4개의 하위 척도로 이루어져 있다(Cooper & Fairburn, 1987).

2) 자기보고 질문지

주의해서 사용한다면 자기보고형 질문지가 간단하고 유용하게 사용될 수 있다. 환자들이 자신들의 섭식 문제를 감추고 싶어 하는 경우에는 특히 해석에 주의해야 한다. 대표적인 자기보고 질문지에는 섭식태도검사, 섭식장애검사, 폭식증검사가 있다.

섭식태도검사Eating Attitudes Test : EAT는 거식증적인 태도와 신념을 평가하기 위한 것으로, 40문항으로 구성되어 있다. 이 검사는 거식증과 폭식증 간을 잘 변별하지는 못하지만, 폭식증과 정상을 변별하는 데는 유용하다. 그리고 뚱뚱함을 두려워하는 정도와 신체 크기에 몰두하는 정도를 평가하는 데 사용될 수 있다(Garner & Garfinkel, 1979). 국내에서는 이상선(1993)이 EAT-26을 번안하여 사용하였다.

섭식장애검사Eating Disorder Inventory: EDI는 거식증과 폭식증의 인지행동적 특징을 평가하기 위한 것으로 전체 64문항, 8개의 하위 척도로 구성되어 있으며, 내적 신뢰도와 타당도 모두 좋고 규준도 마련되어 있다. 8개의 하위 척도는 날씬함에 대한 욕구, 폭식증, 신체에 대한 불만족, 무력감, 완벽주의, 대인관계에서의 불신, 내부자극에 대한 자각, 성숙에 대한 두려움으로 구성된다(Garner, Olmsted & Polivy, 1983). 1991년에 개정판

인 EDI-2가 나왔는데, 국내에서 이임순(1997)이 이를 번안하
였다. 여기서는 원래 8개 척도에 3개 척도 27문항이 추가되었
다. 추가된 척도는 금욕주의, 충동조절, 사회적 불안전감이다
(Garner, 1991).

폭식증검사Bulimia Test-Revised: BULIT-R는 28개 문항으로 폭식
증상을 측정하며, 폭식증과 정상인은 변별하지만 폭식증과 충
동적 과식은 변별하지 못하는 것으로 알려져 있다(Thelen,
Farmer, Wonderlich, Smith, 1991).

3) 직접관찰

치료자가 환자의 섭식행동을 직접 관찰하는 방법으로, 환
자가 자기 증상을 부인하는 경우에 특히 도움이 되며, 불안을
야기하는 음식에 대한 행동적 회피도 평가할 수 있다. 이 방법
은 설사제를 사용하는 것은 금지된다고 미리 말해 준 뒤 먹은
음식의 양과 종류를 측정하고, 공포 · 불안 · 토하고 싶은 욕구
를 평정한다. 이는 나중에 치료 효과를 평가할 때도 유용하다.

4) 자기검색

자기검색self-monitoring은 환자의 행동을 분석하고, 진단 내리

고, 치료 효과를 평가하는 데 유용하게 이용된다. 자기검색은 환자가 직접 자신이 먹은 음식의 양과 종류, 그리고 섭식의 인지적·행동적·정서적 선행 사건과 결과를 기록한다. 이를 분석하면 환경 사건에 따라 환자의 섭식행동이 어떻게 변하는지를 평가할 수 있다. 보다 상세히 하기 위해 음식의 종류와 양, 먹기 전과 후의 기분, 먹기 전과 후의 배고픔 정도, 먹기 전과 먹는 동안의 주위환경 등을 기록하고, 설사제 사용 시 상황과 그때의 기분, 배고픔 정도도 기록하는 것이 좋다. 대체로 치료를 시작하기 2주 전에 실시해 두면 환자를 진단하고 공식화하는 데 도움이 된다.

폭식증의 경우에는 먹은 음식의 종류와 양, 과식 혹은 폭식에 대한 주관적인 평가, 설사제의 사용 여부, 먹기 전의 상황시간, 장소, 기분을 기록하게 한다.

5) 체지방 비율 추정

이 방법은 섭식장애를 평가하기 위해 체지방 비율을 추정하는 것이다. 체지방 비율을 추정하는 데는 여러 가지 방법이 있지만 대부분 비싸고 비실용적이다. 반면, 신체질량지수는 객관적이면서도 경제적으로 이용되는 방법이다. 신체질량지수BMI란 몸무게kg를 키m의 제곱으로 나눈 수치다. 이때 신체질량지수가 19 이하이면 체중 미달, 20~24 사이이면 정상 체중, 25~29 사이는 체중 과다, 30 이상은 비만에 속하는 것으로 본다.

6) 신체상 평가

자신의 몸매에 대한 태도와 만족 정도를 평가하기 위해 손쉽게 사용할 수 있는 질문지가 많이 개발되었다. 신체 체형 질문지Body Shape Questionnaire는 신체에 대한 불만족을 표현하는 사고나 감정의 빈도를 평가한다(Cooper, Taylor, Cooper, & Fairburn, 1987). 앞에서 언급한 섭식장애검사EDI 하위 척도 중에도 신체 불만족을 평가하는 문항이 있다. 또한 환자의 신체상 왜곡을 평가하기 위해 환자로 하여금 자신의 신체 크기를 추정하게 하여 이 추정의 오류 정도를 결정하는 방법이 있다. 이렇게 환자가 추정한 크기를 실제 크기로 나누어 신체왜곡지표를 구한다.

보다 간단한 방법으로는, 환자의 실제 신체의 크기에 대한 지각과 이상적인 신체 크기에 대한 지각을 비교하는 방법이 있다. 환자에게 아주 마른 여자에서부터 아주 뚱뚱한 여자까지 그려진 9장의 카드를 주고 실제 자신의 신체 크기에 가장 가까운 것을 고르도록 한 다음, 환자가 생각하는 이상적인 신체 크기에 가장 가까운 것을 고르게 한다. 사전에 마련된 규준에 근거해서 환자의 신체 크기 왜곡, 신체 크기 불만족, 날씬함에 대한 선호 정도를 평가할 수 있다. 이 결과에 따르면, 폭식증 환자들은 자신의 실제 신체 크기를 과대평가하고, 실제 신체 크기에 상관없이 훨씬 날씬한 체형을 선호하였다. ◆

섭식장애는
왜 생기는가

2

1. 사례로 보는 거식증

먼저 거식증이 어떻게 해서 생겨나는지를 인간의 발달 과정과 관련지어 살펴보겠다. 다음 사례는 외국의 사례이지만 (Thomä & Kähele, 1985) 거식증 사례의 본질을 이해하는 데는 차이가 없을 것이다.

K가 16세일 때 거식증 증상이 처음으로 나타났다. 그녀의 병전 체중은 50Kg 정도였는데 이제 40kg으로 떨어졌고 월경도 없어졌다. K는 거식증이 생긴 지 3년이 지나 정신분석치료를 받기 시작하였는데, 치료를 시작할 무렵 K의 체중은 46.3kg이었으며, 정신분석치료를 받은 2년 동안 체중이 55kg으로 늘어났다. K는 거의 4년 만에 월경이 다시 시작되었다.

이 사례로부터 중요한 심리역동 과정에 대해 통찰을 얻기 위해서, 먼저 거식증을 유발한 촉발 상황부터 다루려고 한다. 이 상황은 사춘기에 나타나는 금욕과 밀접한 관련이 있다.

K는 사내아이들이 자신을 쳐다볼 때나 학교에서 사랑과 관련된 단어를 들을 때면 얼굴이 붉어지곤 했다. 그녀는 이런 '적면 공포증(erythrophobia)' 때문에 괴로워했다. 그녀에게 특이한 점은, 자신이 집의 주인이라는 생각을 가지고 자랐다는 점이었다. 집은 그녀의 통제 아래 있었으며, 아주 예외적으로 가끔씩 자신이 통제할 수 없는 일이 생기는 정도였다.

그녀는 아침 식사를 하지 않으면 얼굴이 붉어지는 불안을 사라지게 할 수 있다는 것을 발견하였다. 얼굴이 붉어지는 현상은 체중감소와 함께 사라졌다가 정신분석 심리치료를 받으면서 다시 나타났다. 그녀가 단식을 하고 금욕을 하게 만들었던 오래된 갈등을 다시 깨닫고, 그런 갈등들을 대부분 극복할 수 있다는 것을 알게 되면서 다시 얼굴이 붉어질 수 있게 된 것이었다. 누군가 그녀를 여자로 보았을 때 그녀는 당황하였고, 그래서 얼굴이 붉어졌다는 것이 밝혀졌다.

중요한 질문은 왜 그녀의 적면 공포증이 그녀가 몇 년간 음식을 제대로 먹지 못하게 만들고, 그녀를 인간관계로부터 고립시킬 정도로 강렬한가라는 것이다.

• 집주인이 되고 싶은 소녀

K가 얼굴이 붉어지는 현상이 생기기 이전에는 자신이 집의 주인이라고 느꼈다는 것은 특별한 '자아 이상'을 가리킨다. 자아 이상이란 그녀가 되고 싶은 모습을 가리킨다. 즉, K는 소녀보다는 소년처럼 보이고 싶었고, 그래서 집의 주인처럼 느꼈던 것이다. 소년이 되고 싶은 그녀의 이런 욕구는 주변 환경에 의해 강화되었다.

K는 아버지 없이 자라난 외동딸이었다. 그녀의 어머니는 자신도 모르게 남편에 대한 이미지를 딸에게 투사하여 딸이 은연중에 남편의 역할을 하게 만들었다. 달리 말하면, 그녀는 '남성적 역할'을 하도록 강요받은 것이었다. 그녀는 서구 사회에서 주로 남자들에게 보이는 특징인 독립심과 단호함, 활동성 등을 갖도록 요구받으면서 성장하였다. 그녀는 지적으로 조숙하였고, 어머니의 조언자와 파트너로서 행동하였다. 그녀는 집안 분위기를 조정할 수 있었고, 익숙하게 자신이 원하는 대로 어머니를 조정할 수 있었다. 부분적으로는 이러한 환경으로 인해 그녀는 자신이 모든 것을 다 할 수 있다는, '전지전능'하다는 착각을 지니게 되었다.

• 소년이 되고 싶은 소녀

K는 또한 다른 소녀들과 오랜 우정을 나누는 데 있어서도 적극적이었다. 그녀가 남자의 역할을 할 수 있는 한 모든 일이 순조로워 보였다. 가령 그녀는 별다른 노력 없이도 운동을 매우 잘했고, 공부도 잘하는 학생이었다. 이때에는 남자이고 싶은 그녀의 자아 이상은 온전하게 유지될 수 있었다. 그러나 이런 상황이 오래 갈 수는 없는 노릇이다. 그녀의 내적 균형은 사춘기가 되면서 흔들릴 수밖에 없었다.

소년이 될 수는 없고 소녀는 되고 싶지 않은 갈등 속에서, K는 차라리 중성적인 사람이 됨으로써 내면적으로 안정감을 느낄 수 있게 되었다. K는 여성으로서 자신의 여러 가지 소망을 받아들이지 않았는데, 그 결과는 음식을 섭취하는 행동에서 혼란을 가져왔다. 이런 측면은 일찍이 안나 프로이트Anna Freud가 사춘기의 금욕과 관련시켜 설명한 적이 있었다. 그녀는 자기 자신의 여성적 특성들을 억압함으로써 불안으로부터 일시적으로 자유로울 수 있었다.

• 추동의 통제

그녀에게 배고픔은 그녀의 신체적 욕구를 대표하는 원형이 되었으며, 그녀는 자기 마음속의 추동이 너무 세지 않을까 하는 불안을 통제하기 위해 성적인 욕구뿐만 아니라 배고픔으로 대표되는 다른 신체적인 욕구도 절제하기에 이르렀다. 예를 들면, 자신의 성적 추동을 통제할 수 있다는 것을 스스로 납득하기 위해 배고픔과 음식을 통제하는 식이다.

K는 자신의 추동 욕구에 대한 불안으로 인해 대인관계 능력이 제약당했고, 일할 수 있고 집중할 수 있는 능력이 혼란스러워졌으며, 신체적인 기능마저 혼란을 겪었다. 따라서 K는 정상적인 추동을 방어하기 위해 추동 대상, 즉 이성을 회피하고, 이성을 만남으로써 얻을 수 있는 현실적인 만족을 회피하였고, 환상 속에서 변형된 형태로 이런 욕구를 만족시켰다. 그녀는 자신의 추동을 제한 없이 현실적으로 만족시키기에는 너무 위험하다고 생각하는 것이다.

K가 지닌 일반적인 아마존 여전사 같은 행동과 거식증은 그녀가 자신에게 수동적인 특성이 있다는 것을 방어하고 싶어한 결과임이 밝혀졌다. 왜냐하면 결국 음식도 '무언가 내 안에 들어온 것'에 해당하고, 임신과 무의식적으로 관련될 수 있기 때문이다. 이런 논리로 보면 음식에 대한 극도의 혐오감과 구토는 성적인 것을 방어하는 것과 관련될 수 있다. 이런 언급이 다소 황당하게 들릴 수 있겠지만, 우리가 어린아이의 마음일 때 우리 몸으로 들어오고 나가는 것에 대해 실제 이상의 많은 의미를 부여한다는 사실을 상기한다면, 어느 정도 이해가 될 수 있을 것이다.

- **초월적인 인간관계의 갈망**

K가 생활에서나 인간관계에서 자신의 경계가 허물어질까 봐 불안해하는 것은 사실은 반대로 그녀가 모든 차이를 초월하는 인간관계를 갈망하고 있기 때문일 수 있다. 그녀는 갈등도 다툼도 없고 자기 자신이 무조건적으로 받아들여지는 그런 인간관계를 원한다는 것을 억압했다. 그녀는 음식 섭취를 제한함으로써 생기는 긴장을 적극적인 운동, 가령 과도한 걷기 같은 것을 통해 방출하였다. 적극적으로 운동을 하는 것은 그녀의 몸을 정화시켰고, 그럼으로써 그녀의 방어의 한 부분이 되었다.

- **어머니 그리고 친구와의 유대**

K는 아버지 없이 자란 외동딸이었다. K가 태어났을 때, 그녀의 아버지는 전쟁에 참가하였다가 전사했고, 형제들은 집을 떠나 다른 곳에서 지내고 있었다. 이때 그녀와 어머니 사이에 매우 밀접한 유대가 생겼다는 것을 강조할 필요가 있다. 그녀의 어머니는 다른 누구보다 그녀를 사랑했으며, 그녀가 밤에 불안한 상태에 빠지지 않게 하기 위해 자신의 침대에서 잠을 재웠다. 어머니와 다른 가족들의 시각에서 보면, K는 완전히 정상적이고 행복한 아이였다.

그녀는 인형을 가지고 놀기보다는 밖에서 노는 것을 더 좋아하는 아이였다. 그녀는 똑똑하였고 매우 뚜렷한 환상을 지니고 있었다. 어린 시절부터 그녀와 절친한 친구 사이였던 G와 역할놀이를 할 때면, 물론 K는 보다 더 창조적이고 적극적인 역할이라고 가정되는 '남성적인' 역할을 맡았다.

학교는 그녀에게 있어 어려운 곳이 아니었으며, 계속해서 그녀는 학급에서 최고가 되었다. 만사가 그녀에게는 너무 쉬운 것 같았다. 그녀는 뛰어난 운동선수였고, 피아노를 잘 쳤으며, 언어를 배우는 데도 재능이 있었다. 그녀는 또한 남녀 합반에서 지도자 중의 한 명이었으며, 말괄량이처럼 굴었다.

그녀는 G와의 우정에 대해 완전히 만족해했으며, 그녀와 절친하다 보니 학급의 다른 아이들과 친밀한 관계를 맺지 않아도 되는 이점이 있었다. 자연히 다른 아이들과의 관계는 체육시간에 경쟁하는 것밖에 없었다. K는 이런 상황을 지속하려 했으며, 경쟁을 어렵게 만드는 생리 기간을 매우 싫어하였다.

• 사춘기 이후의 변화

사춘기가 되자 많은 변화가 생겼다. 아이들이 성장하였고 학급 분위기도 변화하여서 그녀의 위치도 자연스럽게 변화하기 시작하였다. 그녀는 점차 앞에서 지도하는 위치를 잃어 갔으며, 이제 그녀 스스로 조용하고 약한 성격이 되었다. 행동에도 변화가 일어났다. 이전과 비교해서, 그녀는 이제 먹는 양을 줄였고 때로 먹은 것을 토해냈다. 그녀의 운동 실력이 줄어들면서 자연스럽게 경쟁에도 참여하지 않게 되었다. 16세 때 그녀는 학교를 옮겨야 했다. 이것은 G와의 이별을 뜻하였다. 그녀가 거식증을 보인 것은 15세 때였는데, 새 학교로 옮기고 난 다음 2년 동안 변함없이 지속되었다. ◆

2. 거식증의 정신역동적 이해

많은 장애나 증상이 그렇듯이, 어떤 하나의 특정한 이슈나 갈등 혹은 잠재적 소인이 있어서 거식증을 필연적으로 촉발한다고 보기는 어렵다. 그 대신 다양한 생물학적·사회적·심리적 요인들이 서로 작용하면서 여러 가지 이유로 여러 종류의 사람들에게서 거식증을 유발할 수 있다고 본다. 이 말은 음식, 다이어트, 섭식이 심리적 의미가 없다는 것이 아니라, 그 의미와 힘이 사람에 따라 똑같지 않을 수 있다는 말이다.

대부분의 거식증 환자는 무엇보다도 다이어트를 심하게 한다. 다이어트를 너무 계속적으로 하기 때문에 이상으로 볼 수 있다. 이처럼 무자비할 정도로 다이어트를 지속한다는 것은 어쨌든 효과가 있기 때문이다. 다이어트는 그들에게 단순히 살을 빼는 것 이상으로 많은 심리적 만족과 방어 능력을 제공한다는 의미에서 그렇다. 심리적인 장애가 있는 환자들은 종종 어떤 종류의 내적 딜레마에 대해 그렇지 않았더라면 해결할 수 없거나 해결할 뜻이 없었던 문제들에 대해 일종의 '해결책'을 찾는다.

1) 거식증의 일반적 특성

거식증에 영향을 미치는 여러 가지 요인이 있음에도 불구하고, 거의 모든 거식증 사례에서 보편적으로 나타나는 몇 가지 측면이 있다.

(1) 자신을 버텨 주는 기능

무엇보다도 거식증의 원인을 언급할 때 공통적으로 가정되는 것은 거식증이 심리적으로 자기 자신을 버텨 주는 기능을 한다는 것이다. 달리 말하면, 음식을 섭취하게 되면 자신이 임신이 될지도 모른다는 환상이 있어서 갈등이 되든지, 무의식적으로 나쁜 의미가 있는 음식을 섭취하는 것에 대해 두려움이 있든지, 또는 절망적으로 자신의 자율성을 주장하기 위해 음식을 거부하든지 간에, 거식증 환자는 이런 어려운 상황을 해결하고 자신을 버텨 내기 위해서 위험한 다이어트를 하게 된다는 것이다.

사실상 거식증의 한 가지 효과는 발달을 멈추게 만드는 것이다. 신체적으로는 영양결핍으로 성장이 멈추게 되고, 심리적으로는 음식이나 체중, 다이어트에 대해 관심을 집중시킴으로써 그 시기에 해야 하는 고민을 피하게 만들며, 그 나이에 맞는 발달 과제들을 원천 봉쇄시켜 버리는 것이다.

(2) 자기보호적이며 건설적인 의미

만약 거식증이 심리적 곤경을 대처하기 위해서 '발생하는 것'이라면 거기에는 자기보호적이며 건설적인 의미가 있다. 이런 경우라면 자기파괴적인 것만은 아니며, 더구나 굶는 행위가 자살 충동이 표현된 것이라고 보기는 어렵다. 거식증 환자가 진정으로 죽고 싶어 하는 경우는 별로 없는 것 같다. 그렇다고 해서 죽음이 일어날 가능성이 없는 것은 아니다. 어쨌든 환자는 심리적 안전감을 확보하기 위해 매우 나쁜 결과를 가져오는 방식으로 행동하고 있는 셈이다.

거식증 환자도 자살을 하기는 한다. 소극적으로는 심한 영양결핍에 의해 목숨을 잃을 수도 있고, 보다 적극적으로 자살을 시도할 수도 있다. 그러나 기아로 인한 죽음은 통상은 의도된 결과이기보다는 광적인 다이어트를 하다가 뒤따르는 '실수'에 해당한다.

(3) 자기보상적인 특성

거식증은 거의 항상 자기보상적인 특성을 지닌다. 다이어트의 심리적 기능은 단순히 자신이 원하는 목표 체중을 갖기 위한 것이 아니다. 날씬한 외모를 가짐으로써 자신의 삶이 고양되기를 희망하는 것이다. 그러므로 어떤 몸무게도 이들을 만족시키지 못한다. 오직 체중을 감소시키는 것으로 비만해질지 모른다는 공포가 극복될 수 있고, 약하지만 심리적 안전 상태가 유지되고 있음을 신호해 줄 따름이다.

거식증의 자기보상적인 특성은 또한 굶음으로써 생기는 심리적 변화들과 관련이 있다. 기아는 음식과 섭식에 대해 관심을 더 집중시킨다. 거식증 환자들은 의식적으로 다이어트에 실패할까 봐 또는 통제하지 못하게 될까 봐 두려워하기 때문에, 음식 생각이 자꾸 들면 심각한 불안을 일으킬 수 있다. 이러한 불안과 두려움은 훨씬 더 강력하고 광적으로 음식을 기피하게 함으로써 다이어트를 더 생각나게 만들고, 다이어트를 하면 다시 음식에 대해 더 관심을 갖게 된다. 그러므로 다른 걱정을 할 여력이 별로 없게 될 것이다.

중요한 점은 거식증은 시간이 지남에 따라 상당히 많은 정도로 이차적인 다른 장애를 낳는다는 것이다. 이 장애는 기능적으로 자율적일 수 있다. 다시 말해서, 이차적 장애는 처음 거식증 다이어트를 촉발시킨 어떤 외부 사건들과는 별로 관계가 없을 수 있다. 이것은 중요한 임상적 함의를 지닌다. 거식증 치료가 두 단계로 구성될 필요가 있다는 것이다. 심리치료는 거식증의 바탕에 있는 병인뿐만 아니라 이차적 장애도 따로 다루어야 한다. 또한 이것은 거식증 환자의 치료가 일찍 이루어질수록 효과가 더 높을 수 있음을 의미한다.

(4) 인간관계의 철수

대부분의 거식증 환자가 보편적으로 보이는 특징이 하나 있다. 거식증이 발생하고 다이어트에 빠져들수록 환자와 사람들과의 관계가 멀어져서 사람들이 더 멀게 느껴지고 덜 중요하게 느껴진다는 것이다. 거식증 환자에게는 사람보다는 음식과 다이어트, 날씬함이 더 중요한 관심사가 된다. 이들의 심리 세계 내에서 가장 중요한 대상은 사람이 아니다. 거식증 환자는 음식·체중·다이어트·날씬함과 관계를 맺고 대화를 나누며, 갈등과 조화를 이루고 있다. 이런 관점에서 본다면, 거식증 환자들에게 치료자란 존재는 다이어트를 중단시킬 수 있는 위협적인 인물로 보일 수 있을 뿐만 아니라, 인간적인 관계를 맺기에는 비교적 거리가 먼 인물로 지각될 수 있다.

2) 거식증에 대한 여러 관점

왜 어떤 사람들은 무자비할 정도로 스스로 굶는 행동을 하는 것인가? 많은 사람이 이 점에 대해 연구하고 의견을 제시해왔다. 어떤 이는 음식과 먹는 행위에 대해 특별한 의미를 부여해 왔다. 어떤 이는 음식과 먹는 것이 심리 내적인 목적을 이루려는 수단을 나타낸다고 보며, 음식과 먹는 것이 거식증 환자의 신체와 관계가 있다고 보았다. 또한 대인관계 역동을 강조해서, 자율성과 자기표현의 욕구가 방해받았거나 표현되지 않은 가족적 위협이 있었을 때 거식증이 발생한다고 보았다.

보다 최근에는 여성주의적 입장에서 거식증을 사회문화적인 맥락으로 이해하려는 시도를 하였다. 여기에 대해서는 뒤에 다시 다룰 것이다.

(1) 브루흐의 발생기원적 이해

브루흐는 지속적인 연구를 통해 거식증에 대한 정신분석적인 이해를 체계화하였다(1973, 1987). 거식증 환자는 식욕을 상실하는 문제보다 살이 찌는 것에 대해 지나치게 압도되는 듯한 공포와 관련이 되며 거의 광적으로 날씬해지기 위해 노력을 한다. 그녀는 자기개념의 장애가 더 기본적이며, 그 결과로 음식이나 체중에 집착하게 되는 것으로 보았다. 섭식장애를 지닌 대부분의 환자는 하나같이 자신이 무력하고 쓸모없는 사람이라고 말한다.

이들은 마치 신체가 부모에게 속한 것처럼 자기와는 분리된 것으로 경험하기도 하며, 자율성을 상실하여 자신의 신체기능을 스스로 조절할 수 없다고 느끼기도 한다. 반면, 어릴 때는 말을 잘 듣고 부모를 기쁘게 하려고 노력하던 착한 소녀가 사춘기 때부터 갑자기 고집이 세지고 부정적이 되기도 한다. 일반적으로 지나치게 어른을 편하게 하는 아이가 나중에는 오히려 더 큰 문제를 일으킬 수 있는 것이다.

• 유아-어머니의 관계

브루흐는 거식증이 발달상에 근원이 있다는 것을 추적해서, 거식증 환자의 경우 유아기에 그 어머니와의 관계에서 어떤 장애가 있는지를 밝혀냈다. 이들 환자들의 어머니는 유아의 필요를 고려하기보다는 자신의 필요에 따라 아이를 양육한다는 점이 매우 특징적이다. 이는 어머니가 자기애적으로 아이를 대한다는 것이다. 아이의 입장에서 보면 어머니로부터 받고자 했던, 자신을 안심을 시켜 주고 확신을 가지게 해 주는 반응이 없으므로 자기 자신이 건강하다는 자기감을 형성하기 어렵다. 바로 이러한 경우에 아이는 자신을 독립된 개체로서 자기가 자신의 중심임을 알지 못하고 마치 어머니의 한 부분

인 것처럼 경험한다. 아이는 자신을 하나의 분리된 인격체로
보기보다는 어머니의 오른팔쯤으로 여기는 것이다. 즉, 어머
니의 자기대상이 된다.

• 주체성 회복을 위한 필사적인 노력

브루흐는 거식증 환자들은 남들로부터 자신들이 특별하고
독특한 사람이라는 존경과 신임을 얻기 위해 필사적으로 노력
한다는 사실을 주목하였다. 브루흐(1987)는 섭식장애가 늘어
나고 대중매체들이 모든 종류의 섭식장애를 다루기 시작하면
서, 거식증 환자들이 자신을 특별하게 여기기가 점점 더 어려
워져서 임상적인 양상이 다소 변화되고 있다고 추측하였다.
기본적으로 오늘날 섭식장애의 바탕에는 가장 날씬해지고 어
떻게든 뛰고 주목을 끌기 위한 경쟁심으로 가득 차 있다고 볼
수 있다.

(2) 매스터슨의 허위 자기

매스터슨(1977)은 일부 거식증 환자가 경계선 성격장애의
특성을 지녔다고 주장하였다. 섭식장애는 하나의 증상으로 이
해할 수 있는데, 이런 증상 이면에는 성격적인 문제와 특성이
영향을 주고 있다고 보는 것이 필요할 것 같다. 여기서는 섭식
장애와 관련해서 간략히 매스터슨의 주장을 살펴보겠다. 그의

주장에 따르면, 아이가 어떤 이유로 자신에 대한 주체성을 상
실하게 되면 어머니를 기쁘게 하기 위해 참 자기true self 대신
허위 자기false self를 발달시킨다는 것이다. 이 작은 아이는 어
머니가 자신을 버리지 않도록 하기 위해, 또 그럴 것이라고 스
스로 납득하기 위해 심리적으로 완전히 '아이'가 되고자 노력
한다.

그렇지만 이런 역할을 강요받으면서 몇 년이 지나면, 그동
안 자기 자신을 발전시키고 싶은 욕구와 같은 아이 자신의 욕
구가 좌절되면서 필연적으로 엄마에 대한 원망은 더 커지게
된다. 그 결과, 때가 오면보통은 이 시기가 사춘기에 오는 것 같다 충분히
발달하지 못하고 오랫동안 동면하고 있었던 진정한 자기가 등
장하면서 부모에게 전면적으로 복수를 하는 방식으로 거식증
이 나타난다고 보았다. 아이 자신으로서는 어떻게 하기 어려
웠던 강력한 부모에게 절망적인 자기주장을 하는 셈이다. 결
국은 더욱 자신을 파괴시키게 되겠지만, 아이로서는 그런 방
식으로나마 자신을 드러낼 수밖에 없는 것이다.

(3) 가족치료자의 관점

가족을 치료 대상으로 하는 가족치료자들은 브루흐나 매스
터슨이 주장한 역동적 개념들을 가족 상황에서 찾아냈다. 미
누친과 그 동료들(Minuchin, Rosman, Baker, 1978)은 거식증 환

자들의 가족 내 관계 양상이 그물같이 조직되어 있다고 기술
하였다. 이들 가족은 전반적으로 부모 자식 간의 경계나 가족
개개인 간의 경계가 불분명해서 서로에게 지나치게 개입을 많
이 하고, 심한 경우 가족 중 어느 누구도 가족으로부터 떨어져
나와서 자기 자신의 독립된 주체성을 느끼지 못한다. 팔라졸
리(Palazolli, 1974)는 거식증 환자들은 어머니로부터 심리적으
로 독립하지 못하며, 결국 자기 자신의 신체에 대해 안정감을
느끼지 못한다고 주장하였다. 이들은 자기 자신의 신체를 편
안하게 생각하지 못한다는 것이다.

(4) 몸에 대한 지각과 거식증

우리 몸이라는 것도 때에 따라서는 편안하게 받아들이기
어렵고, 자기 몸 같지 않거나 자기 몸이지만 불편하게 생각될
때가 있다. 이때 심리내적으로 살펴보면 자기 신체를 부정적
으로 지각하고 있는 경우를 많이 볼 수 있다. 몸을 소중히 여
기는 것이 심리적으로 자기를 존중하는 것과 다르지 않다는
것을 알아야 할 것 같다. 거식증 환자의 경우 자기 신체를 안
정감 있게 수용하지 못하며, 자기 신체가 어머니에 의해 조종
되고, 어머니가 나쁜 것들을 많이 집어넣어서 살아간다고 생
각하다 보니, 이러한 나쁜 자기 몸을 공격하기 위해 굶는다는
것이다.

　이런 설명은 납득하기 어려울지 모르지만, 사람들이 자기 몸에 대해 지닌 지각들을 깊이 이해하게 되면 일면 수긍할 수 있을 것이다. 자기 몸속에 적대적인 어떤 것이 들어 있다면 그 대상이 더 이상 성장하지 못하도록 뭔가를 해야 한다고 생각할 것이다. 거식증 환자에게는 그 뭔가가 굶는 것이다. 거식증의 이러한 극단적인 방어 자세는 이미 그렇게 방어해야 할 정도로 강력한 충동이 있었음을 암시한다. 실제든 상상이든 방어할 것이 없는데 방어 자세가 만들어지지는 않을 것이다.

　보리스(Boris, 1984)는 심한 탐욕이 섭식장애의 핵이라고 주장한 바 있다. 이러한 구강기적인 욕망은 쉽게 받아들여지지 않으며, 따라서 다른 사람에게 투사된다. 내적으로 자신이 탐욕스럽고 요구가 많다고 보는 자기표상은 의식적으로 부인되고, 부모에게 그 표상이 투사되어 부모가 요구를 많이 하는 것으로 보이게 되므로, 이에 자식은 강력하게 방어를 하는 것이다. ◆

3. 거식증의 인지행동적 이해

거식증을 여러 가지 이론적 입장으로부터 이해할 수 있는데, 대체로 다양한 심리적·가족적·사회적 요인들이 상호 작용을 해서 거식증이 발생하는 것으로 보는 것이 공통된 견해인 것 같다.

1) 거식증의 인지적 특성

거식증에 대한 인지행동적 접근은 거식증 증상이 환자의 체중과 체형에 관한 잘못된 가정과 태도로부터 파생된다는 것을 강조한다. 거식증뿐만 아니라 폭식증도 핵심적인 특징은 체중과 체형에 대한 인지적 왜곡이 있다는 것이다. 인지행동적 입장에서 볼 때, 이러한 인지적 왜곡은 섭식장애의 공통된 핵심 정신병리다. 섭식장애 환자들은 날씬해지는 것을 이상적으로 생각하여 맹렬히 날씬해지려고 노력하고, 체중이 늘어날까 봐 굉장히 신경을 쓴다.

이러한 정신병리의 정수는 이들이 자기가치를 자신의 체중이나 체형에 따라 평가한다는 것이다. 달리 말하면, 날씬한 몸매이면 자랑스러워하고, 그렇지 못하면 자신이 못나고 부끄럽다고 판단하는 것이다. 보다 건강한 사람이라면, 자기 체중에 관심을 갖기보다는 보다 나은 성취를 이루고자 하거나 중요한 과제를 설정하여 달성함으로써 보람을 얻을 것이며, 친밀한 인간관계를 통해서 많은 삶의 의미를 찾을 것이다. 그러나 섭식장애 환자들은 이러한 인간관계나 어떤 성취보다는 단지 자기 몸무게와 몸매에 더 관심을 쏟는다.

거식증과 폭식증 환자들이 공통적으로 갖는 두 번째 핵심적인 인지적 특성은 자기 자신을 부정적으로 평가한다는 것이다. 이들은 다른 영역에서 자기가 이룬 것에 대해서 자신이 없기 때문에 체중 문제로 자기를 평가하려 한다. 부분적으로는 체중이 훨씬 더 통제할 만하기 때문이다. 즉, 삶에서는 불가피한 어려운 좌절도 생기고 자기 뜻대로 되지 않는 것이 많으며 뭔가 이룬다는 것이 쉽지 않지만, 그래도 자기 몸은 마음만 먹으면 보다 쉽고 간편하게 통제할 수 있을 것 같기 때문이다. 그리고 살을 뺐을 때 주변에서 칭찬까지 받을 수 있으니까 어떤 의미에서는 쉽게 성과물을 얻을 수 있다. 그러나 근본적으로 자기평가가 부정적이다 보니 결국 외모나 체중에 대해서도 불만족하게 되고, 계속해서 체형에 눈을 돌려서 날씬함만 추구하게 된다.

반면, 폭식증과는 달리 거식증 환자들은 자기 자신에게 문제가 있다고 보지 않는다. 심지어 거식증이 일종의 성취라고 보기도 한다. 또한 대부분의 폭식증 환자들이 폭식을 좋지 않게 생각하고 도움을 받고 싶어 하는 것에 비해서, 거식증 환자들은 자신에게 별로 불편감을 못 느끼는 일종의 자아동조적인 상태에 있다. 이것은 이들의 행동과 결과가 이들의 목표와 상당 부분 합치하기 때문이다. 즉, 다이어트를 하고 체중을 감소시키는 행동을 통해 체중이 감소되고 날씬해진다면, 그것은 그들이 바라는 바다. 그래서 그들은 변화를 해야 할 필요성을 못 느끼며, 오히려 치료를 거부하는 경향이 있다.

2) 인지적 오류

여러 학자는 왜곡된 사고 패턴이 거식증의 유지에 가장 중요하다고 보았다. 거식증을 일으키고 유지하게 하는 전형적인 인지적 왜곡[1]은 다음과 같이 정리할 수 있다.

---

1 이분법적 추리: 극단적이고 절대적인 용어의 사고

- 내가 완전히 통제할 수 없다면, 통제력을 잃은 것이다이분법적 추리.

- 몸무게가 덜 나가야 기분이 더 좋아질 것이다선택적 추상화.

- 내 배가 너무 비대해서 모든 사람이 나를 노려보았다임의적 추론.

- 내가 그 일에 성공하지 못했기 때문에 이제 모든 게 다 산산조각이 날 것이다과잉일반화.

- 500g이 늘어났다. 이제 곧 뚱뚱해질 것이다재앙화.

- 나는 기름진 음식을 피해야 한다. 나는 매일 이런 훈련을 해야 한다 '~해야 한다.'의 극단적인 사용.

이와 같은 논리적 오류들은 거식증 환자에게서 전형적으로 볼 수 있는 잘못된 사고방식의 원천들이다. 이러한 인지적 오류들이 거식증 환자가 무자비하게 다이어트를 하고 체중 증가와 음식에 대해 병적으로 공포를 느끼는 것을 설명해 줄 수 있다. 그런 왜곡된 가정들, 기대와 신념들은 거식증의 증상일 뿐만 아니라 거식증을 지속시키며, 극단적인 다이어트를 지속시

선택적 추상화: 상황의 작은 부분들을 뽑아내고 다른 것을 무시함
임의적 추론: 무관한 증거로부터 결론을 도출함
과잉일반화: 하나의 부정적인 사건을 보고 다른 부정적인 사건이 일어날 것이라고 결론지음
재앙화: 상황을 가장 나쁘게 생각하기

킨다. 다이어트는 인지적으로 자기 자신을 강화시키는 역할을
한다. 거식증 환자는 음식 섭취를 조절함으로써 일종의 숙달
감과 통제감을 지니게 되기 때문이다.

3) 체중 증가에 대한 두려움

인지행동적 입장에서 거식증을 이해하는 데 있어서 사회문
화적 요인과 생물학적 요인을 통합하는 시도들이 있어 왔다.
이런 접근에서 보면 거식증 환자들은 유전적인 요인, 영양학
적 영향, 정서장애, 역기능적인 가족과 성격변인 등이 소인이
되어서 실제로는 그다지 살이 찌지 않았는데도 자신이 비만하
다거나 살이 쪘다고 지각하게 될 수 있다. 그렇게 되면 체중을
줄이려는 정상적인 노력으로 다이어트를 하게 되고, 이런 다
이어트 노력이 깨지면 허기가 지고 음식이 먹고 싶어져서 종
종 폭식을 하게 된다. 폭식에 대한 반응으로 극단적인 조치를
취하느라 체중을 강력하게 통제하다 보니 나온 것이 거식증인
것이다.

이렇게 보면 거식증은 일종의 체중 공포다. 대략 3일 정도
의 시간이 지나면 환자는 계속 굶었기 때문에 입맛도 별로 없
어져서 음식을 그렇게 많이 통제할 필요도 없어지고, 체중이
증가할 것이라는 불안을 피할 수 있게 된다. 일단 이런 섭식

패턴이 형성되면 신체의 기초 신진대사 비율도 낮아지기 때문에 음식을 먹으면 또 살이 더 쉽게 찌게 되며, 그 결과 체중 증가에 대한 공포는 더 강화된다. 가끔 폭식을 하는 거식증 환자들은 주기적으로 폭식을 하고, 이를 '취소'시키기 위해서 결국 설사제를 사용하게 된다. 즉, 거식증의 일차적 병리는 체중 증가에 대한 불안을 회피하기 위해 굶는 것이다.

거식증과 폭식증의 2가지 기본 요소는 체중 증가에 대한 두려움과 먹는 것에 대한 통제력을 상실하는 데 대한 두려움이다. 체중이 느는 데 대한 두려움 때문에 음식에 대한 접근-회피 갈등이 생길 수 있다. 음식에 대해 관심이 집중되고 먹고 싶은 충동이 강해지면, 반대로 체중을 통제하기 위해 절식을 하거나 설사제를 사용하도록 동기를 일으킨다. 이때 접근 성향이 더 우세하면 폭식이 일어날 것이다. 폭식 후에는 체중이 증가할 것에 대한 두려움을 감소시키기 위해 회피행동으로서 굶거나 과도하게 운동을 하거나 설사제를 사용하게 된다. 그러나 이렇게 음식을 안 먹게 되면 도리어 음식에 대해 관심을 갖게 되고 이후에 또 폭식을 유발할 수 있다.

결론적으로, 거식증적인 측면은 음식 섭취를 제한하고 다이어트를 통해 살을 빼려는 동기로 이루어지며, 폭식증적인 측면은 일단 먹기 시작하면 통제력을 상실하는, 강한 생물학적 섭식 충동으로 이루어진다. ◆

4. 폭식증의 정신역동적 이해

1) 거식증과 폭식증의 비교

폭식증 환자들은 거식증과는 달리 비교적 정상 체중을 유지하며, 폭식을 하고 설사제를 사용한다. 폭식을 하고 설사제를 사용하면서 마른 사람은 거식증의 폭식 유형으로 분류되는데, 이는 거식증과 폭식증이 개념적으로 불분명함을 나타낸다. 거식증과 폭식증이 공통점이 없다고 보는 학자들은 대체로 거식증에는 경직된 자기절제와 혹독한 양심이 있고, 폭식증에는 충동적이고 무책임하며 절제되지 않은 행동이 있다고 보았다.

하지만 이 두 장애 간에는 상당한 관계가 있는 것 같다. 거식증 환자의 40~50%가 폭식증도 가지고 있고, 시간이 지나면 거식증이 폭식증으로 바뀌기도 하는 것이다. 그러나 반대로 폭식증에서 거식증으로 넘어가는 경우는 드물게 나타난다. 두 장애는 다른 심리장애도 비슷하게 지니며, 비슷한 성격장애를 지니기 때문에 구분해서 진단하기 어려운 면이 있다. 폭식증은 단순한 장애도 아니고 단순한 습관도 아니다. 폭식증은 매우 이질적이고 원인이 다양한 장애이며, 개인의 성격과 생물학적인 특성과 문화에 깊숙이 뿌리박힌 행동 양상이다.

폭식증은 매우 광범위한 성격구조에서 다 관찰된다. 거식증 환자는 초자아 통제력이 강한 편인데, 이는 초자아가 엄격하고 경직된 것을 의미하며 성숙된 것을 의미하지 않는다. 이에 비해 폭식증 환자는 충동 분출을 지연시키지 못하는데, 이는 자아가 약하고 초자아가 느슨하기 때문이다. 폭식증 환자들이 폭식을 하고 설사제를 사용하는 것은 충동 문제와 관련이 된다. 그래서 충동적이고 자기파괴적인 성관계나 여러 가지 약물남용을 동반하는 경우가 많다.

거식증 환자들이 폭식을 하고 싶은 강한 열망을 더 이상 방어하고 조절할 수 없을 때 폭식증으로 넘어가게 된다. 이때 거식증 환자들은 대인관계에서 위축되는 경향이 있는 반면, 폭식증 환자들은 대개 자신에 대한 처벌을 유발하는 방식으로 대인관계를 이용한다. 이런 처벌에 대한 욕구는 부모상에 대한 무의식적 공격성이 엄청나게 쌓인 데에서 생긴다. 이런 분노가 음식으로 대치되어 음식을 파괴하는 것이다. 거식증과 폭식중 모두 만족스러운 대인관계를 맺지 못하기 때문에 이런 대인관계에서의 갈등도 음식으로 대치될 수 있다. 거식증 환자는 다른 사람에 대한 자신의 공격적인 감정을 먹기를 거부함으로써 통제하는 반면, 폭식증 환자는 폭식을 함으로써 사람들을 상징적으로 파괴하고 통합시킨다.

2) 부모로부터 분리의 어려움

환자들이 폭식증을 갖게 된 원인을 그 부모와의 관계에서 찾으려는 시도들이 설득력을 얻고 있다. 하지만 이런 설명들은 자칫 잘못하면 장애가 생긴 책임을 지나치게 부모에게 돌리고, 환자 자신은 희생양일 뿐이며 책임이 없다는 식으로 이용될 위험이 있다. 발달상의 문제점들을 찾는 것은 환자를 깊게 이해하고 공감하기 위한 시도이지 책임을 면제하기 위한 것은 아니다. 아무리 어려운 상황에서도 스스로 책임을 질 수 있는 사람이 결국은 성숙한 사람일 것이다.

이런 전제를 두고서 폭식증 환자들의 발달 과정을 살펴보면, 환자들은 부모로부터 분리해 나오는 데 심한 어려움을 겪는 것 같다. 이들에게는 발달 과정 동안, 엄마로부터 심리적으로 분리되는 것을 도와주는 중간 대상이 없었다. 중간 대상이란 아이들이 엄마로부터 떨어져 나갈 때 심리적으로 자기 자신을 위로하기 위해 이용하는 인형이나 담요 같은 것들을 말한다. 발달과정에서 임시로 엄마를 대신하는 대상이라 할 수 있다. 폭식증 환자는 이런 물건들을 이용할 수 있는 능력이 부족하다고도 말할 수 있을 것이다.

폭식증 환자들은 엄마로부터 분리해 나오는 데 있어서 자신의 신체 자체를 중간 대상처럼 이용하기도 한다. 다시 말하면, 음식을 섭취하는 것은 엄마와 다시 하나처럼 연결되고 싶은 소망을 나타내고, 음식을 토해 내는 것은 엄마와 분리하려는 노력을 나타낸다는 것이다. 이런 설명은 쉽게 이해하기 어렵지만, 폭식증 환자의 숨겨진 마음을 이해하기 위한 하나의 상징적이고 심층적인 시도로 생각할 수 있다.

3) 응집적인 정체성 형성의 어려움

정상적으로 발달하는 청소년들이 어떤 영웅이나 조직을 지나치게 동일시하는 것은 그들이 역할 혼미와 혼란을 겪으면서 나타내는 정상적인 반응이다. 청소년들은 자신들의 정체성을 지키기 위해 오랜 우상이나 이상을 지니는 것이 보통이며, 이는 심리적으로도 필요하다. 이 시기를 거치면서 외부의 이상적인 인물이 보다 내면화되고 이상화된 가치로 바뀌어 가는 것이다. 청소년 후기에 이르면 보다 현실적인 안목이 자라면서 이전의 지나친 동일시가 포기되고 수정된다. 이런 과정을 지나면 성격이 보다 안정적이 되고, 응집적인 자기가 등장하기 시작하며, 내적 가치들이 명확해진다. 또한 가치나 삶의 과제들이 보다 명확해지고, 인간관계도 보다 지속적인 관계로 접어들며, 진로 선택이 이루어진다.

이런 과정들이 그리 쉽게 만은 되지 않을 것이다. 특히 폭식증 청소년들의 경우에는 더욱 어렵다. 이들은 이상적인 인물이나 집단에 대한 동일시를 포기하지 못한다. 이들은 일찍 마련된 정체성을 변화 없이 유지하며 현실화시키지 못함으로써 내적인 응집성이 약하다. 마치 모래 위에 쌓은 집처럼 이들의 정체성은 쉽게 흔들리며, 그럴수록 외부 대상에 더 매달릴 수밖에 없는 것이다. 이들이 매달리는 외부 대상에는 어떤 인물만이 아니라 완벽한 외모나 체중 등의 기준들도 포함된다. 이들의 정체성은 내적인 가치에 의해 결정되지 못하고, 외적 기준들이 자기가치를 결정하게 된다. 그래서 외부 상황이 어려우면 어려울수록, 그리고 사춘기의 과제가 힘들수록 외모나 체중에 더 집착하고 매달리게 되는 것이다.

청소년기에 가장 중요한 과제는 자신을 주요 양육자로부터 분리해서 응집적인 내적 정체성을 형성하는 것이다. 폭식증 청소년들은 바로 이 과제가 좌절된다. 이들은 부모로부터 심리적인 분리는 시도해 보지도 못하고 좌절하며, 이런 실패를 감추기 위해서 가짜로 독립된 정체성을 보인다. 그러나 부모나 가족들로부터 자신을 분리시키기 위한 시도는 피하거나, 가족관계에서 나타나는 보다 직접적인 갈등은 표현하지 않는다. 어렵게 유지되는 가족의 응집력을 해치지 않기 위해 이들은 오직 굳게 닫힌 문 뒤에서 남몰래 폭식을 하는 것으로만 독립된 개체로서의 자신의 분노와 좌절, 욕망을 표현할 따름이다.

대부분의 폭식증 환자는 자신을 타인과 분화하지 못할 뿐아니라, 자신의 내적 삶을 외부 행위로부터 구분하지 못한다. 그들은 스스로를 긍정적으로 존중하지 못하며, 스스로 자기 삶을 꾸려 나간다는 느낌이 없다. 체중만이 그들의 관심사다. 다른 어떤 의미 있는 사건들도 자신의 관심사가 아니므로 그들의 안정을 흐트러뜨리지 못한다. 그들의 자기가치감이나 존재감은 체중에 의해 규정될 뿐, 어떤 개인적인 관계나 감정에 의해 흔들리지 않는다. 마음 깊숙이 있는 자기회의는 완벽한 여성적 행동이나 외모에 집착함으로써 외면한다.

음식과 설사제 사용은 떠오르는 감정을 감추기 위해서나, 폭식 환자의 보편적인 경험인 공허감을 절망적으로 보상하기 위해 사용된다. 대부분의 폭식 청소년에게 섭식은 청소년들이 모래 위에 세운 정체성의 보존을 위협하는 보편적인 집요한 추동이나 좌절로 인한 정서를 회피하고 부인하는 일종의 도구인 셈이다.

폭식증 환자들에게 있어서 삶이란 자발적인 감정이나 사고가 없는 세계다. 반면, 폭식과 구토는 자기의 소외된 부분들을 표현하고 삶을 조직하는 기능을 한다. 이로 인해 폭식증 환자들은 자기의 복잡하고 갈등적인 측면들을 경험하고, 그것들을 확고한 정체성으로 통합해야 하는 청소년의 핵심 과제가 방해받는 것이다.

폭식증 환자들을 치료하는 데 있어서는 자기 성격의 변화무쌍한 측면들을 표현할 수 있고, 현실적으로 자기가 누구인지, 다른 사람에게 어떤 영향을 미치는지를 평가하는 파트너십을 형성하는 것이 주요 과제다. 이런 측면에서 치료는 조기에 엉성하게 마련된 정체성을 해체하고, 정상적인 정체성 위기 경험을 갖도록 작업된다. 자기의 갈등적인 개념이 표현되고 개방적으로 존재할 수 있을 때에 보다 견고한 정체성이 나타나고 발달할 것이다.

4) 폭식증의 가족역동과 방어기제

폭식증 환자의 가족은 서로 간의 응집성을 유지하기 위해 서로에게 과도하게 의존하는 경향이 있다. 이런 경향은 거식증 환자의 가족에게서도 나타나는 특징이기도 하다. 폭식증 환자의 부모에게서 두드러지는 특징은 모든 사람이 자신을 '늘 좋은 사람'이라고 보아 주기를 바라는 강한 욕구를 지니고 있다는 점이다. 이렇게 좋은 부모이어야 하기 때문에 받아들이기 어려운 부모의 특성들은 고스란히 환자에게 투사되어, 환자는 나쁜 것을 다 지니고 있는 저장고가 되고 만다. 환자가 가족의 모든 탐욕과 충동성을 짊어지게 되는 것이다.

이렇게 되면 가족 내에는 어느 정도 평형이 이루어진다. 부모들은 이런 방식을 통해 가족 간이나 혹은 부부간에 있을 수 있는 갈등은 안 보게 되고, 그보다는 아픈 환자에게 관심을 기울이게 된다. 가족 중의 한 사람이 심리적인 문제를 지님으로써 다른 가족들은 상대적으로 자신의 문제를 피할 수 있게 되는 것이다.

많은 경우, 폭식증 환자들은 내사와 투사라는 방어기제를 사용한다. 음식을 섭취하는 것과 토해 내는 것은 공격적이거나 나쁜 특성들을 내사하는 것과 투사하는 것을 나타낸다. 환자들은 이런 식으로 좋은 것은 받아들이고 나쁜 것은 떨쳐 내는 것을 구체적인 행동으로 보여 주기도 한다. 예를 들어, 단백질은 좋은 음식이므로 토해 내지 않고, 탄수화물은 나쁜 음식이니까 토해 내는 식이다. 이들은 이런 식으로 자기 속에 있는 공격성을 관리할 수 있다.

토하기의 형태로 자신의 나쁜 점들예: 공격성, 충동 등을 배출시키고 나면 환자는 좋은 느낌을 지닐 수 있다. 하지만 이런 좋은 느낌은 불안정하고 오래가기 어렵다. 왜냐하면 현실은 양가적으로 좋은 점과 나쁜 점이 다 있는데, 2가지를 통합하지 않은 채 나쁜 점은 자기에게 없고 밖에 있다는 식으로 오랫동안 자신을 속일 수가 없기 때문이다. ◆

5. 폭식증의 인지행동적 이해

거식증에 대한 인지행동적 이해에서 밝혔듯이, 거식증과 폭식증의 공통된 핵심적인 병리는 환자들이 지닌 체형과 체중에 대한 인지적 왜곡과 자기 자신에 대한 부정적인 평가다. 섭식장애 환자들은 자신의 가치를 체중과 체형에 따라 평가하려는 경향을 지닌다. 페어번과 그 동료들(Fairburn et al., 1986)은 이러한 관점을 다음 그림과 같이 정리하였다.

폭식증에 대한 인지행동적 개념화는 환자들이 자기 자신의 체형과 체중에 대해 지니고 있는 역기능적 신념과 가치를 중요하게 여긴다. 그림에서 보면, 체형과 체중에 대한 염려가 폭식증의 핵심 특징이며, 이에 비해서 다이어트와 체중 감소, 음식과 체중 등에 대한 몰두, 구토와 과도한 운동과 설사제 남용은 모두 이차적인 특징에 해당한다.

체형과 체중에 대해 예민하게 느끼는 환자들이 폭식을 하

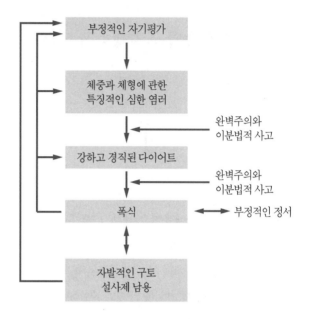

〈폭식증 유지에 대한 인지적 관점〉

는 것은 얼핏 생각하면 쉽게 이해하기 어려울 수 있다. 그러나 폭식 행위는 환자의 다이어트 행동과 깊게 관련되어 있다. 섭식장애 환자들은 음식을 심하게 제한해서 먹으며, 그렇기 때문에 늘 먹고 싶은 생리적 압력을 느끼게 된다. 환자들은 어떻게 먹어야 할지에 대해 일반적인 지침들을 가지고 있다기보다는, 스스로에게 엄격한 다이어트 규칙을 부과한다. 언제, 정확

히 무엇을, 어느 정도 먹어야 할지에 대한 규칙들이다. 대부분
의 환자가 이런 규칙을 따르므로 식사행동은 상당히 고정적이
고 융통성이 없다.

섭식장애 환자들이 맹렬하고 경직되게 다이어트를 하는 것
은 이들의 완벽주의와 이분법적 사고방식의 영향으로 볼 수
있다. 완벽주의의 사고방식을 지닌 섭식장애 환자들은 당연히
다이어트도 빈틈없이 완벽하게 해내려고 노력할 것이다. 게다
가 이분법적 사고방식을 가졌을 경우라면 작은 실수도 용납하
기 어려워진다. 그들에게 있어서 모든 행위는 성공 아니면 실
패이기 때문이다. 대체로 완벽주의적 성향은 이분법적 사고와
관계가 있다.

폭식증 환자들은 완벽한 기준에 따라 엄격한 다이어트 규
칙을 수립하지만, 그들도 사람인지라 사소하게 규칙을 어기지
않을 수 없다. 이때가 갈림길이 된다. 이들은 별것 아닌 위반
을 하고 나면 그것을 별것 아닌 것으로 여기는 것이 아니라,
자신의 다이어트가 실패했다고 생각하고 아예 다이어트를 포
기해 버린다. 오랫동안 음식을 참다 보니 기왕 규칙을 어겼으
니 일단 먹고 보자는 심정이 드는 것이다. 이런 방식으로 폭식
증 환자들이 애초에 세운 다이어트 규칙은 깨지기 쉽고, 그래
서 폭식을 하는 것이 반복되는 것이다. 일상적인 상황에서도
억제가 무너지면 소비의 증가가 온다는 것을 시사하는 증거들

이 많이 있다. 예를 들어, 오락을 어느 시간까지 하겠다고 기준을 정해 놓았다가 그 기준이 무너지면 원래 예정보다 훨씬 더 많이 하게 되는 것과 비슷한 과정이다.

특히 부정적인 감정을 느낄 때 다이어트 규칙을 어기기 쉽다. 기분이 좋지 않을 때는 자기 자신이나 먹는 것을 엄격하게 통제한다는 것이 어려운 일이다. 이때 폭식을 하고 나면 부정적인 감정이 어느 정도 가라앉는 효과가 있다. 폭식을 시작하고 나면 그동안 음식을 먹지 않느라 생겼던 긴장이 풀리고, 또 먹고 나니 나른해지고 이완이 되므로 기분이 다소간 좋아질 수 있는 것이다. 스트레스 받고 기분 나쁘면 먹는 것으로 풀려고 하는 사람들이 바로 이런 효과를 노리는 것이다. 어느 정도까지는 좋은 음식을 찾아서 먹는 것은 우리 기분을 달래 주는 정적인 효과가 있는 것 같다.

그러나 이러한 폭식의 효과들은 불행하게도 오래가지 못하고 결국 후회를 낳아, 자신을 비난하게 만들고 체중이 늘어나는 것이 아닌가 두려워하게 한다. 그래서 폭식을 하고 나면 더욱더 엄격한 다이어트를 하며, 다시 규칙을 어기게 되는 악순환에 빠지게 된다.

또 다른 악순환은 폭식을 하고 설사제를 사용하는 것이다. 습관적으로 설사제를 사용하다 보면 많이 먹는다 해도 토하거나 설사를 하면 그만이라고 생각하게 되어 이제는 아예 음식을 절제할 생각을 안 하게 된다. 그러나 이런 행동 또한 결국 설사제를 사용하는 것을 통제할 수 없게 만들고, 다시 자기비난을 하게 만든다. ◆

6. 섭식장애의 사회문화적 이해

1) 여성주의적 관점

섭식장애는 어떻게 보면 대단히 서구적인 장애다. 서구에서 많이 발생하였고, 서구 사회의 문화적인 특성과 많은 관련이 있다. 그렇다고 해서 섭식장애가 꼭 서구 사회에만 특징적으로 해당한다고 말하기는 어렵다. 섭식장애가 서구 사회에서만 발생하는 것도 아니고, 섭식장애를 보이는 사람들의 심리는 공통적인 것이 많기 때문이다.

오늘날 우리 사회에서는 많은 사람이 섭식장애의 기본적인 특성을 지니고 있다. 건강의 측면에서 보더라도 정상 체중인 사람도 몸무게를 줄여야 한다고 말하는 사람을 흔히 볼 수 있다. 또한 섭식장애가 없는 정상인들도 자기 몸무게를 과대평가해서 살을 빼야 한다고 생각하고 있다. 여성들은 대부분의 다이어트가 실패로 끝난다는 것을 알고 있으면서도 체중을 줄이기 위해서 주기적으로 운동을 하고 다이어트를 한다. 다이어트 초반에는 체중이 줄어들어도 곧 원래 체중으로 돌아가 버리는 경우가 있으며, 몇 년이 지나면 오히려 더 많이 나가게 되기도 한다.

섭식장애를 바라보는 일반인들은 그들이 예뻐지기 위한 '날씬이병'에 걸렸다는 견해를 보인다. 하지만 이것은 섭식장애를 너무나 단순하고 부정확하게 파악한 것이며, 음식과 관련된 여러 요인에 대해 충분히 고려하지 않은 견해다. 섭식장애를 이해하는 데 있어서 사회문화적 맥락을 고려하지 않으면 장애의 발생을 제대로 설명할 수 없다.

몇 가지 사회문화적 요인이 섭식장애와 관련된다고 이해될 수 있는데, 그중 가장 주목을 끄는 것은 이상적인 여성미의 기준이다. 오늘날의 미의 기준은 예전과는 많이 달라졌다. 미인대회를 보면 여자들의 키는 더 커지고 몸무게는 더 줄어들었다는 것을 볼 수 있다. 그 또래 여성들의 평균 키나 몸무게와도 차이가 있음은 물론이다. 이것은 생물학적으로 볼 때 대부분의 여성에게 자연스러운 일이 아니기 때문에 날씬하고 싶은 문화적 이상과 생물학적 현실 간에는 불일치가 생긴다. 그래서 신체상에 대한 불만족이 더 심해지는 것이다.

거기에 더해서 우리 사회는 신체든 체중이든 당연히 조절할 수 있다는 생각을 심어 주고 있다. 그래서 많은 여성이 날 씬해지기 위해서 노력한다. 하지만 이런 노력들이 여성들을 섭식장애에 걸릴 위험으로 내몬다. 날씬해지기 위해서 다이어 트를 하다 보니 음식에 몰두하게 되고, 주기적으로 폭식을 하 게 되는 것이다.

날씬함을 부추기는 문화는 비교적 최근에 시작되었다. 인 류 초기의 여성상은 대체로 풍요와 다산을 상징하는 것들이었 다. 하지만 19세기경 낭만주의 운동 이후로 새로운 미의 기준 이 나타나 야위고 창백한 피부가 높게 평가받기 시작하였으 며, 동 시대에 영국과 프랑스 의학잡지에 처음으로 거식증이 라는 새로운 장애가 등장하기 시작하였다(Gull, 1874).

1920년대에 들어 서양 사회에서는 플래퍼flapper 스타일이 유행하였는데, 이것은 말괄량이형 복장으로 여성들의 여성성 이나 생식 능력을 보여 주는 몸의 굴곡이나 가슴을 보이지 않 게 하는 것이었다. 이러한 중성적인 이미지는 세계대전 이후 여성들의 사회적 지위와 경제적인 자유가 증가함에 따라 더욱 발달하였다. 그러다가 다시 가슴과 굴곡을 강조하는 경향이 나타났는데, 이 시대의 이상은 마릴린 먼로M. Monroe에 와서 정 점을 이룬다. 거식증의 발생이 1960년대 성적 · 정치적 혁명과 관계가 있다고 보는 사람들이 많다. 플래퍼 스타일은 1960년 대에 다시 나타났고, 섭식장애 유병률도 더불어 높아지기 시작했다.

날씬함의 의미와 관련해서 한 가지 확실한 것은 살찐 것과 생식 능력 간에는 밀접한 관련이 있다는 것이다. 뚱뚱함은 부富와 아이를 낳고 키울 수 있는 능력을 나타낸다. 동아프리카, 중앙아프리카의 나라들에서는 사춘기 소녀들을 많이 먹이고 살찌우기 위한 오두막이 있었다. 그들은 생식 능력과 경제적 지위를 나타내기 위해서 살을 찌워야 했다. 그런 사회에서는 뚱뚱함이 날씬함보다 가치가 있을 것이며, 섭식장애가 극히 드물 것이다.

그러나 그런 문화들에서조차도 여성들이 섭식문제와 완전히 무관한 것은 아니다. 이런 문화에서는 반대로 여성들이 뚱뚱한 것을 과대평가함으로써 지나치게 몸무게가 많이 나가는 문제들이 생긴 것이다. 이런 사회의 여성들은 다양한 식사를 준비하고 음식을 장만하는 데 신경을 쓰느라 에너지를 다 써버릴 정도다.

서양에서 뚱뚱함을 덜 중시하는 이유에 대한 한 가지 설명은 여성들을 더 이상 생식 능력으로 가치 매길 필요가 없다는 것이다. 날씬함을 추구하는 경향이 성적 해방과 나란히 발달한 것은 완전히 우연일 수는 없을 것이다. 여성들의 날씬함은 여성의 진보와 자유의 상징으로 간주되었다. 날씬한 여성의 신체는 다산을 의미하는 풍만한 여성 신체와 대립되며, 심지

어는 독립성과 자기통제와 같은 가치로운 특징을 나타내기도
한다. 살을 빼서 날씬한 몸매를 유지하는 것은 전통적인 성역
할 제약으로부터 탈출구를 제공하며, 대인관계와 사회적인 성
공을 가져다 줄 것으로까지 기대되기에 이르렀다.

　이러한 여성에 대한 사회문화적 입장의 변화들은 우리 사
회가 보다 풍요로워진 시기에 나타났다. 삶의 표준들이 빠르
게 개선되었으며, 음식이 풍부해졌고, 신체적 노동을 하는 사
람들도 줄어들었다. 지난 몇 십 년 동안 사람들은 훨씬 더 뚱
뚱해졌다. 이처럼 과소비가 가능한 사회에서는 날씬함은 바람
직한 행위로 보일 수 있다.

　그러나 뚱뚱함에서 벗어나는 것을 여성 자유의 상징으로
기술하는 것에는 역설적인 면이 있다. 야윈 체형은 여성들의
힘을 약하게 만든다. 그것은 약하고 무력한 아이의 체형이지
강한 어른의 체형이 아니며, 굴곡도 가슴도 없고 중성적이며,
생식 능력이 없는 청소년의 체형이다. 이렇게 볼 때 날씬하고
자 하는 동기는 여성미를 추구하는 것이라기보다는, 여성들이
약하고 복종적인 존재가 되고자 하는 것을 의미할 수도 있는
것이다.

　한편, 여성이 사회적 지위와 권력을 얻어가면서 그에 대한
반작용으로 날씬함을 강조하게 된 점도 있다. 여성들이 날씬
해지기 위해 줄기차게 노력하도록 주의를 돌림으로써 사회적

야망을 보다 제한하는 기능을 할 수 있는 것이다. 미의 기준 자체가 꼭 이런 이유 때문에 생긴 것은 아니라고 해도, 결과적 으로 여성들이 자기발견이나 자기개발보다는 외모에 더 관심 을 가지게 함으로써 개인의 성장을 저지시키는 기능은 분명히 있다고 보아야 할 것이다.

2) 대중매체의 영향

날씬한 여성미와 관련해서 빼놓을 수 없는 부분이 대중매 체의 영향이다. 여성잡지들은 종종 새롭고 효과적이라는 다이 어트 광고를 싣는다. 이 방법들 중에는 위험한 것들도 많이 있 었고, 심지어는 목숨까지도 위태롭게 한 경우도 있었다. 홍수 처럼 쏟아지는 텔레비전 상품 광고를 보면 젊고 매력적이고 날씬한 여성들이 넘쳐 난다. 사람들이 이런 대중매체를 통해 서 알게 모르게 지니게 되는 생각은 여성은 젊고 날씬해야 바 람직하다는 생각일 것이다. 대중매체의 영향은 매우 강력해서 많은 젊은 여성에게 날씬하고 싶다는 소망을 심어줄 뿐만 아 니라, 심지어 날씬함이 곧 아름다움과 동격이고 성공을 가져 다 줄 것이라는 환상을 가져다주는 것 같다.

이런 대중매체는 특히 십대에게 영향을 많이 미친다. 왜냐 하면 그들은 부모로부터 독립도 해야 하고, 동료들과 경쟁도

해야 하며, 정체성도 수립해 가야 하는 등 많은 정서적 스트레스를 경험하기 때문이다. 또한 자신의 신체상에 관심을 많이 갖는 시기이다 보니, 청소년들은 대중매체를 통해 많은 것을 직간접으로 배우면서 은연중에 이상적인 신체를 갖는 것이 성공을 가져다줄 것이라고 믿게 된다.

살을 빼는 것과 관련된 온갖 사업이 융성하고 있다. 다이어트 책, 다이어트를 다루는 여성지, 게다가 다이어트 약에 각종 비디오들까지 쏟아지고 있다. 여성들은 효과가 높으면서도 별로 힘이 들지 않고 생활에 지장을 주지 않는 다이어트 방법을 애타게 찾고 있지만, 그런 방법은 있을 수가 없다. 그래서 많은 여성이 다이어트를 했다가 실패하고 또다시 시도하는 일을 되풀이한다. 이렇게 다이어트를 하다 보면 체중을 빼기란 점점 더 어려워지는 법이다. 다이어트는 심리적으로도 영향을 미치는데, 어찌어찌하여 살을 조금 뺐다가 살이 다시 찌게 되면, 이들은 자신이 자제력이 부족한 사람으로 여기면서 우울해지고 자존감이 떨어질 가능성이 많다. 그러면 다이어트를 다시 시작하고 또 실패를 경험하는 악순환을 겪게 된다.

섭식장애에 영향을 미치는 중요한 또 다른 사회문화적 측면은 우리 사회가 여성에게 갈등적인 역할을 요구하는 데 있다. 전통적인 여성미에 대한 개념들은 사회적·성적 자유의 상징으로서 날씬함을 추구하는 현대적인 사고와 갈등을 일으

킨다. 현대 사회에서 사람들은 자기 자신의 개별적 정체성을
확립하고, 자기 자신의 의견이 있어야 하고, 자신의 욕구를 잘
알 필요가 있다. 그러나 이런 점이 여성들에게는 역할상의 혼
돈을 가져왔다. 여성들은 가정과 사회적인 영역에서 더 많은
역할을 떠맡게 되었다.

이런 면을 단적으로 표현하는 슈퍼우먼 신드롬처럼 여성들
은 엄마이자 직장 여성으로서 역할을 성공적으로 잘해 내길
기대받는다. 하지만 어떤 여성도 이런 역할들을 모두 실현할
수는 없을 것이다. 그럼에도 많은 여성은 2가지 역할을 다 성
공적으로 해 내지 못하면 실패한 것처럼 느낀다. 이로 인해 많
은 여성이 삶을 힘겹게 꾸려 가고 있으며, 종종 자신의 욕구를
무시하고 살아간다.

이 말은 여성들이 사회에서 자기를 실현할 기회를 버리고
부엌으로 돌아가면 행복하고 스트레스로부터 벗어날 것이라
는 의미가 아니다. 전부, 아니면 전혀의 문제가 아니다. 만약
여성이 가정에서 엄마 역할을 선택한다면 삶을 충분히 살아가
지 못하고 밖에서 직업을 가지지 못하는 데 대해 부적절함을
느낄 수 있다. 반면에 직업을 우선시하고 아이를 선택하지 않
으면 또한 이기적이고 냉정한 여성으로 보일 수도 있다.

여성들이 다른 것을 통제하는 것은 불가능하고, 그래서 적
어도 자신의 신체를 통제하려 하며, 그것만 되면 나머지는 잘

될 것이라고 믿는 것은 그리 놀라울 일이 아니다. 체중 조절은 자기 삶의 효과적인 통제를 보여 주는 대체물인 것이다.

대중매체에서 미는 여성의 능력과 성취를 보여 주는 중요한 특징이다. 여성들이 삶에서 어떤 성취를 이루기 위한 방법으로 목표를 향해 열심히 노력하는 것을 강조하기보다는 아름다움이 성취할 목표가 되고, 그 아름다움은 일종의 수단이 되어서 다른 보상을 쉽게 얻을 것처럼 광고하고 있는 것이다. 그래서 너무나도 자주, 심지어 지금까지도 전통적인 여성관에 도전하는 여성들은 그들의 성취지향적인 특성과 성적인 지향 때문에 매력이 없는 것으로 그려지곤 하며, 사람들에게 그런 고정관념을 심어 준다. 사회에서 무언가를 성취하고 뚝심 있게 자기 길을 열심히 살아가는 여성들마저도 여성을 신체적인 매력으로 판단하곤 한다.

미를 추구함으로써 얻을 수 있는 것은 단지 상대방에게 호의적인 인상을 주거나 대인관계에서 성공하는 것 이상의 의미가 있다. 발달적인 측면에서 볼 때 여성들이 변화를 겪고 여성으로서 자기정체성이 흔들리거나 어떤 도전을 받았을 때는 흔히 아름다움을 추구함으로써 자신이 여성이라는 것을 증명하려고 할 수 있다. 그런 의미에서 화장은 청소년기의 여성들에게 자기정체성을 증명하기 위한 중요한 방법이 될 수 있다. 다이어트도 마찬가지로 그런 기능을 할 수 있다. 아름다움이 여성의 정체성과 이처럼 밀접한 관련을 갖고 있는 사회문화적 풍토에서 대부분의 여성이 비록 가볍다고 해도 섭식장애를 발생할 소인이 더 많다고 할 수 있다.

사회문화적 맥락을 강조한다고 해서 섭식장애 발생에 미치는 생물학적 요인을 부인하는 것은 아니다. 유전된 요인들이 개인의 체형, 체중, 신체 특징, 신진대사율, 호르몬 균형, 사춘기 시기, 월경 등을 사전에 결정할 것이다. 그러나 아직 섭식장애를 결정하는 생물학적 요인을 찾지는 못하였다. 그리고 그런 특징들이 있다고 해도 사회문화적 맥락과 무관하게 나타나지는 않을 것이다. ◈

7. 섭식장애에 대한 생물학적 이론

　거식증 환자들이 의학적으로나 사회적으로 부정적인 결과를 가져오는데도 심한 운동과 절식을 계속 유지하는 것은 중독적인 측면이 있기 때문이다.

　한 실험에서 쥐에게 하루에 한 번만 밥을 주었더니 쥐가 스스로 먹기를 억제하고 과도하게 운동하는 현상이 관찰되었다. 아마도 유기체 내부에서 장기간 굶게 되면 내생성 아편 수준이 증가함에 따라 일종의 도취감이 생겨서 거식증적 행동이 일어나는 것 같다. 아편 같은 것들은 식욕을 억제하는 효과가 있다. 거식증 환자들은 이 기분 좋은 도취 상태에 심리적으로나 신체적으로 의존하게 될 수 있다. 그리고 운동을 하면 체내에 엔돌핀 수준이 증가하기 때문에 과도한 운동을 지속하는 것이다.

　또한 유전적으로 볼 때 거식증은 친척들 사이에서 더 발병

률이 높게 나타났다. 일란성 쌍둥이의 경우 약 50%에서 동시에 거식증이 발생한다는 연구결과도 있다. 일란성 쌍둥이는 보통 같은 가정에서 자라므로 이런 결과에는 환경의 영향도 있겠지만, 이런 결과로부터 유전적인 영향이 매우 높다는 것을 짐작할 수 있다. 거식증이 전체 인구의 1% 미만임을 생각해 볼 때 이는 매우 높은 일치율이라고 볼 수 있다. 때로는 성격 특성예: 강박성이 유전되어서 특정한 사회문화적 환경에서 길러지면 거식증이 발생할 가능성이 높아지는 것일 수도 있다.

오랫동안 배고픔과 포만감에 관여하는 뇌의 시상하부 기능 장애가 거식증을 일으킬 가능성이 높다는 생각이 있어 왔다. 따라서 한 연구에서 이를 검증하기 위한 실험이 이루어졌는데, 동물의 시상하부를 절제한 결과 동물의 체중이 줄어들었다. 이런 결과를 보면 시상하부가 체중 조절과 관련된다고 조심스럽게 해석해 볼 수 있다. 그러나 뇌 절제의 부수적인 영향 등을 고려해 볼 때 이런 결과를 아직은 조심스럽게 받아들여야 할 것이다.

폭식증을 일종의 기분장애라고 보는 입장이 있다. 그 증거로는 우선 여러 연령층과 사회적 배경에 걸쳐 폭식증의 증상이 상당히 유사함이 관찰되었다. 이는 환경적인 것이 아니라 생물학적인 원인이 있음을 시사하는 것이다. 또 다른 증거로는 폭식증 환자와 그의 가족들에게서 기분장애가 많이 보였기

때문이다. 항우울제는 폭식증과 주요 우울장애에 모두 효과를
보인다. 게다가 항우울제를 투여하는 양이나 투여했을 때 나
타나는 반응의 시간 경과가 유사하고, 한 개인 내에서의 폭식
증과 우울 증상이 나아지는 것이 높은 관련성을 보였다.

그러나 이런 증거들은 일종의 상관 연구에 해당하므로 명
확하게 인과적인 해석을 하기는 어렵다. 그리고 폭식증 발병
초기의 조사에 따르면, 우울증이 동반되는 경우가 많지 않았
으며, 폭식증 환자의 가족들에게서 기분장애의 유병률이 그렇
게 높지 않았다는 보고도 있다.

폭식증과 우울증이 서로 밀접한 관련이 있는 것인지, 단지
동시에 잘 일어날 뿐인지, 아니면 서로 무관한 것인지에 대해
서는 아직도 논쟁이 진행 중이며, 더 많은 연구가 이루어져야
할 것이다. ◆

섭식장애를 어떻게 치료할 것인가

3

1. 섭식장애의 치료적 접근

섭식장애에 대한 관심이 증가하면서, 치료와 관련된 여러 가지 정보가 엄청나게 쏟아져 나왔다. 그 결과, 환자들의 회복을 도울 수 있는 일반적인 지침들이 나타나기 시작하였다. 가장 좋은 치료 방법은 치료가 필요 없도록 하는 것이다. 그래서 섭식장애에 대한 우선적인 예방이 전문가들 사이에서 중요한 초점이 되고 있다.

심리치료를 할 때는 먼저 환자의 신체적 상태를 점검해야 한다. 이것은 치료자가 섭식장애 환자의 의학적 합병증에 대해 잘 알고 있는 내과의나 영양사와 밀접한 협조관계를 가져야 한다는 것을 의미한다. 매우 나쁜 영양 상태는 인지적·정서적 기능을 저해할 수 있다는 사실에 대해서도 대체로 일치를 보고 있다. 환자의 상태가 매우 좋지 않을 때는 입원을 통해 적절한 영양 상태를 되찾는 것이 심리치료에 앞서 이루어져야 한다. 치료자가 영양 문제, 설사제 사용에 관한 생리학, 기아의 심리생물학에 대해 알고 있을 때 치료의 효과가 증진될 것이다.

이런 의학적인 협조 외에도, 특히 청소년 환자의 경우에는 환자의 부모도 상담과 심리치료를 받는 것이 좋다. 섭식장애 환자와 그 부모들을 지지해 줄 수 있는 집단이 있으면 더욱 좋을 것이다. 이런 집단들은 섭식장애 환자의 사회적 고립감을 완화시켜 주고, 부모들이 지닌 불안과 죄책감을 줄여 줄 수 있다.

적절한 영양 상태를 되살리는 것과는 별도로, 입원 또한 치료에 중요한 역할을 한다. 보통 정상 체중의 30% 이상 줄어들면 입원을 시켜야 한다. 입원은 특히 섭식장애 환자가 여러 가지 치료 프로그램을 받을 수 있다는 것이 가장 큰 장점이다. 이런 측면에서 주의 깊게 고려해 보아야 하는 몇 가지 치료 이슈가 있다. 하나는, 입원치료가 완전한 심리적 회복을 가져올 수는 없을 것이라는 점이다. 입원은 자칫 잘못하면 섭식장애 환자에게 자신이 뭔가가 대단히 잘못되어 가고 있다는 메시지를 주는 기능을 할 수도 있다. 입원이 명백히 좋은 치료 방법이기는 하지만, 현실 세계에서 지속적으로 기능하는 것을 방해할 수 있다는 사실을 함께 고려해서 평가해야 한다. 또한 환자에게 입원을 치료가 실패한 결과로 보는 대신 회복을 위한 기회라는 인식을 심어 주어야 한다.

앞에서 섭식장애의 병인론을 이미 살펴보았는데, 거식증이 생기는 데는 여러 가지 소인과 병인론적 요소가 서로 작용하고 있다. 섭식장애를 치료하기 위해서는 이러한 여러 가지 요인에 대해서 알고 있어야 한다.

치료자는 다양한 치료적 접근 중에서 하나를 선택할 수 있다. 직면적 · 해석적 치료방식을 사용할 수도 있고, 좀 더 지지적 · 비해석적인 양상을 선택할 수 있다. 방어 해석, 전이의 이해를 강조하는 방식이 있고, 반영과 공감을 주로 하면서 환자를 버티게 해 주는 환경을 제공해서 환자가 자기 자신과 다른 사람에 대해 현실적인 표상을 지닐 수 있도록 돕는 방식도 있다. 또한 환자의 왜곡된 인지적 사고와 신념을 대안적이고 현실적인 사고로 대체하는 데 초점을 두는 방식도 있고, 섭식장애가 가족 상황에서, 특히 어머니-자녀관계에서 문제와 관련된다고 보는 입장에서는 가족치료를 주요 치료 양상으로 선택하기도 한다.

만약 섭식장애 환자가 주요 우울증의 진단 범주에 해당된다면 항우울제가 도움이 될 것이다. 물론 약간의 우울 증상은 체중이 증가하면서 호전되기도 한다. 다만, 환자의 정상 체중을 회복시키려 할 뿐, 이로 인한 강한 불안을 무시하는 단기간의 입원은 별로 효과적이지 못하다.

이렇듯 여러 가지 치료방식이 있다면, 치료자는 어떻게 환자에게 적합한 치료를 결정하는가? 이것은 쉬운 문제가 아니다. 어떤 치료방식을 선택할 것인지의 문제는 기술적으로 진단 평가를 내리는 것 이상의 문제다. 그것은 심층적면서 구조적이고 역동적인 평가를 필요로 한다. 만약 섭식장애가 갈등의 증상적인 표현이라면, 핵심 갈등의 특성을 알 필요가 있다. 또는 자율성의 제약, 빈약한 자기감, 자기대상 표상에서 어려움 등을 함께 지닌 일종의 심리구조적인 결핍이 드러난 것일 수 있다. 즉, 섭식장애와 관련된다고 여겨지는 요인들을 평가함으로써 가장 적절한 치료를 선택할 수 있다. ◆

2. 섭식장애의 관리

1) 일반적인 섭식장애 관리

환자들이 자신의 문제를 변화시키기 위해서는 치료에 대한 동기가 있어야 하고, 가까운 사람들의 지지와 지속적인 자극이 필요할 뿐만 아니라, 자신의 문제를 피하지 않고 직면하겠다는 용기가 필요하다. 이것은 환자들 스스로 자신에게 계속 섭식문제가 생기게 만드는 요인이 무엇인지에 대해 깨달을 때 가능해진다. 그리고 섭식장애를 유발한 요인과 그것을 지속시키는 요인은 반드시 같지 않다는 것도 깨달을 필요가 있다. 또한 환자들은 살이 찌는 데 대해 강렬한 공포를 느끼고 있음에도, 자신들의 체중이 증가하는 것이 위험한 것은 아니며, 섭식이나 다른 행동에 대해 통제력을 잃는 것도 아니라는 것을 알 필요가 있다.

환자와 치료자는 서로에게 정직하도록 합의해야 한다. 치료자는 환자가 정직하게 대답하도록 노력하는 것이 환자 자신에게 도움이 된다는 것을 깨달을 수 있도록 도와야 한다. 환자는 치료자와 함께 짠 섭식 계획을 어떻게 이행하고 있는지, 섭식 행동의 변화가 어떻게 다른 행동에 영향을 주고 있는지에 대해서 이야기할 수 있어야 한다.

(1) 식사 일기

기분과 섭식 행동에 대한 일기를 쓰면 많은 도움이 된다. 일기는 매일 밤 자기 전에 작성한다. 자신이 먹은 것, 마신 것, 그때 감정 등의 기록을 통해서 자신의 행동에 대해 통찰을 얻을 수 있다. 또한 이를 통해 환자의 감정과 기분에 따라 섭식 행동이 어떻게 달라지고 서로 간에 어떤 관계가 있는지를 볼 수 있으며, 이는 섭식 행동에서 변화를 관찰하게 해 주고, 월경주기의 변화를 주목할 수 있게 해 준다.

때로 환자들은 치료를 받아도 별 효과가 없다고 불만을 토로하기도 하는데, 이럴 때 이런 일기를 활용해서 그동안의 변화 과정을 살펴보면 생각보다 자신이 변화했다는 것을 깨닫게 될 것이다.

식사 일기를 직접 솔직하게 기록하다 보면 식사문제와 자기 자신에 대해 새로운 사실을 많이 알게 된다. 무엇보다 처음

식사 일기					
			년	월	일(요일)
시간	장소	먹은 음식 및 음료수	과식 여부	하제 사용 여부	상황 및 식사 전후의 생각, 감정, 행동
오전 8:00	집	사과 1개, 식빵 1조각, 커피 1잔			별로 기분이 안 좋음
10:00	직장	커피 1잔			오늘은 적게 먹겠다고 결심함
오후 12:00	패스트 푸드점	애플파이 1개, 콘샐러드 1개, 비스켓 2개			얼큰한 요리 생각이 남
2:00	직장	물 1잔			상사의 잔소리로 스트레스를 많이 받음, 목이 마름
4:00	직장	콜라 1잔			음식 생각이 간절함
6:30	집식탁	요구르트 1개, 사과 1조각, 피자 4조각, 콜라 1잔, 비빔밥 1그릇	V	V	집에 오자마자 먹기 시작함, 참을 수가 없음, 다 먹고 나니 속이 너무 부대껴서 토함, 왜 이렇게 살아야 하나 싶음
8:00	소파	땅콩과 오징어 1마리			TV 시청, 외로움, 만날 친구가 없음
9:30	소파	도너츠 2개, 꽈배기 2개, 물 1잔	V		아무 생각 없음 체중을 재보다 그만둠
10:20					잠이나 자자고 침대에 누움

에는 섭식 행동을 정확하게 기록하는 습관을 들이는 것이 중
요하다.

(2) 생활 스타일의 변화

생활 스타일의 변화가 체중의 변화만큼 중요하다는 것을
깨닫는 것이 중요하다. 치료를 받는 동안, 환자들은 정상 범위
의 체중을 갖기 위해서 자신의 섭식 행동을 변화시키겠다는
결심을 수년 동안 유지해야 한다. 이러한 결심과 더불어 정상
적인 체중을 유지하기 위해서 환자들은 주변으로부터 많은 지
지와 도움을 받아야 한다. 이런 지지를 받음으로써 환자들은
자신의 행동에 대해 통찰을 얻게 되고, 다시 재발하지 않고서
살아가는 방법을 배운다.

(3) 환자의 영양 관리

섭식장애 환자들은 보통 음식의 성질을 잘못 알고 있는 경
우가 많다. 따라서 치료 목표 중의 하나인 정상적인 섭식 행동
을 복구하기 위해서 영양문제에 대해 자문을 해 줄 수 있는 사
람이 필요하다. 영양사들은 환자들에게 음식과 영양 성분에
대해 가르쳐 주고, 음식에 대해 정상적인 태도를 형성하도록
도와주며, 섭식장애를 통제하여 적절한 섭식 행동을 수립하도
록 도울 수 있다.

영양사들은 환자의 다이어트력을 조사해서 환자의 섭식 행동과 환자가 선택했거나 피한 음식과 그 이유를 파악한다. 또한 환자의 과거 섭식 행동이나 체중 변화를 탐색한다. 이런 탐색은 치료자의 활동과 중복되는 면이 많으므로 서로 보완될 수 있도록 사전에 환자에게 할 질문들을 조율해야 할 것이다.

영양사는 환자의 기본적인 영양문제에 대해 정확한 정보를 제공해 줄 수 있으며, 어떻게 환자에게 바람직한 범위의 체중을 유지하게 할 것인지에 대한 정보도 제공해 줄 수 있다.

2) 섭식장애를 갖는 것의 이점

모든 심리장애는 나름대로 필요에 의해 생겨난 것으로 어떤 이점을 지니고 있다. 결과적으로는 환자의 시도가 실패로 끝날지라도 일시적으로는 그때 상황에서 취할 수밖에 없었던 조처로 이해할 수 있는 것이다.

섭식장애는 모든 것을 흡수해 버리는 역할을 한다. 그래서 섭식장애 문제에 집중해 있으면 다른 어떤 활동을 하기 위한 결정을 내릴 필요가 없으며, 삶에서 어려운 많은 도전거리를 피할 수 있게 된다. 예를 들어, 환자들은 신체적으로 너무 허약하거나 살이 찜으로써 이성과의 관계에서 성적인 문제의 소지를 없앨 수 있다. 신체적으로 매력이 없어질 것이므로 접근

하는 이성도 별로 없을 것이다. 특히 여성 환자들의 경우 체중이 정상일 때는 남자들이 관심을 갖고 접근해 오는 경우가 많지만, 지나치게 마르거나 살이 찌면 이런 문제가 없어질 것이다.

한편, 허약하거나 비만함으로써 다른 가족들이 관심을 더 가져 주는 이점도 있다. 환자는 가족의 관심이 집중되고, 사랑을 많이 받으며 오랫동안 보살핌을 받는 이런 대접을 대개 아프지 않으면 받기 힘들 것이다. 환자는 이런 식으로 가족을 조종하고 만족을 얻을 수 있다. 환자는 별로 죄책감을 느끼지 않고도 보살핌을 받을 수 있으며, 갈등적인 가족적 상황도 피할 수 있다. 아무래도 건강한 사람이 다른 사람의 보살핌을 받는다면 남 보기도 좋지가 않고, 우선 스스로도 마음이 편치 않을 것이다.

어떤 환자는 꼭 겨울만 오면11~12월 체중이 줄어들어서 크리스마스를 병원에서 보내느라 가족들과 함께 있지 못한다. 이때 거식증은 가족들과 부대껴야 하는 여러 가지 불편함을 피하게 해주는 역할을 한다. 특히 환자가 주부라면 남편이나 가족과의 관계에서의 문제, 집에서 져야 하는 부담, 그 밖의 파티 준비나 모임 참석과 같은 사회적 기능을 피하게 해 준다.

한편, 거식증으로 인해 몸이 매우 허약한 것은 패배감 없이 경쟁을 피할 수 있는 좋은 핑계가 된다. 때로 어떤 사람은 체중을 줄일 수 있다는 데서 성취감을 느끼기도 한다. 그렇게 자기조절을 한다는 것이 쉽지 않을 뿐더러, 가끔은 주변에서도 그렇게 살을 빼는 것이 대단하다고 부추기는 경우도 있을 것이다.

대부분의 사람은 자신이 어떻게 보이면 좋을지에 대한 이상화된 관점을 가지고 있다. 또한 자신이 사회적으로 매력적이고 행복하며 사교적이고 대중적이기를 바란다. 일부에서는 그런 이상을 달성할 수 없다고 생각하면 살을 빼거나 찌우는 쪽으로 섭식 행동의 문제를 일으킬 수 있다. 이런 식으로 왜 자신이 그런 이상을 달성할 수 없었는지에 대해 변명거리를 만드는 것이다. 하지만 이렇게 변명을 해 보아도 거울에 비친 자신의 신체상은 대체로 마음에 들지 않아 다이어트를 하거나 다른 방법을 이용해서 이상적인 체중을 지니려고 노력한다. ◆

3. 거식증의 정신역동치료

1) 정신역동치료의 원리

정신역동적 심리치료는 인간의 말, 행동, 상상 등에서 나타나는 무의식의 의미를 밝힘으로써 인간의 발달과 성장과 적응 문제 등을 해결하고 성격을 변화시키며 심리장애를 치료하는 방법이다.

이런 목적을 달성하기 위해 여러 가지 기법이 발전해 왔는데, 무엇보다도 자유연상, 꿈의 해석, 저항 해석, 전이 해석 등이 중요하게 사용된다. 최근에는 내담자의 깊은 체험이나 직면하기 어려운 불안 등을 공감하기, 버텨주기, 간직하기 등의 기법으로 다루고 있다.

(1) 치료적 관계의 중요성

정신역동치료는 이런 여러 가지 기법을 통해 무의식의 깊은 마음을 알고 통합함으로써 삶의 폭을 더욱 확장하는 데 목적이 있다고 볼 수 있다. 그러므로 정신역동치료는 특정 증상을 제거하는 것이 목표라기보다는, 그 증상을 낳은 인간의 전체적인 마음을 대상으로 하는 치료방법이라고 할 수 있다. 이 말은 정신역동치료가 증상을 제거하지 않는다는 말이 아니라, 증상이 우연히 나타난 것이 아니므로 증상이 나타난 근본적인 원인과 문제를 이해하고 해결하자는 뜻이다. 프로이트는 심리장애란 인간의 어떤 기본적인 요구나 소망이 좌절되어 나타난 것이므로 대체만족을 통해서 급히 내담자를 진정시키지 말고, 우선 내담자의 무의식적인 소망을 의식화하여 자기화함으로써 내담자가 현실적이고 자유로운 선택을 할 수 있는 능력에 도달할 수 있게 해야 한다고 주장하였다.

정신역동 심리치료에서 가장 핵심적인 것은 치료자와 환자 사이에 '치료적인 관계'가 수립되지 않으면 올바른 치료 과정이 생기지 않는다는 것이다. 정신분석적 사고의 바탕에는 불행하고 잘못된 인간관계에 의해 일어난 심리장애나 심리구조적인 결핍은 좋은 인간관계를 통해서만 치료될 수 있다는 생각이 깔려 있다. 이는 어떤 기법보다 치료관계를 중시하는 것으로서 정신분석이 무언가를 분석하고 해석하는 냉정한 치료

방법이라고 생각하는 일반적인 오해와 상반된다.

(2) 전이와 역전이 다루기

심리치료적 관계는 특히 환자의 무의식적인 전이나 치료자의 역전이에 의해 결정되는 면이 많다. 그래서 정신분석에서 전이의 해석이 중요해진다. 전이란, 과거의 의미 있는 대상과의 관계에서 일어났던 무의식적 소망과 기대 혹은 좌절 등이 현재 여기에 있는 대상과의 관계에서 활성화되면서 반복되는 현상을 가리킨다(윤순임 외, 1995). 치료 장면에서 전이를 통해 오래된 신경증적 갈등이 재활성화되면, 치료자는 이를 관찰하는 동시에 환자가 이를 의식적으로 체험할 수 있도록 도움으로써 치료 효과를 가져올 수 있다.

역전이는 환자에 대한 치료자의 모든 의식적·무의식적 감정 반응을 뜻하며, 특히 치료적인 이해나 치료 과정을 방해하는 것을 가리킨다. 이것은 환자가 일으키는 전이의 특수성과 치료자 자신의 성격 성향과 관련된다. 먼저, 치료자는 자신의 문제가 치료에 영향을 미치지 않도록 훈련되어 있어야 한다. 자기 문제를 먼저 다루고 자신을 객관화하는 능력이 있어야만 자기의 감정을 환자의 감정과 구별할 수 있고, 자기 문제를 환자에게 자신도 모르게 투사하지 않을 수 있을 것이다.

원래 프로이트는 역전이가 치료를 방해하는 것으로 생각했지만, 오늘날에는 치료를 진척시키고 환자를 이해하는 중요한 도구로 활용된다. 따라서 환자로부터 전해진 역전이 감정은 중요한 진단적인 의미를 지니게 된다. 우선, 치료자에게 느껴지는 감정은 그렇지 않으면 간과할 수 있는 환자의 특수성에 주목할 수 있게 해 준다. 얼핏 생각하면 치료자의 감정이야 치료자의 것이라고 생각할 수 있겠지만, 치료 장면에서 환자들은 치료자에게 환자 자신들에게 의미가 있는 특정한 감정을 야기하는 일이 많다. 이런 현상을 '투사적 동일시'라고 하며, 오늘날 많은 연구가 진행되어 있다. 예를 들면, 성장해 오면서 남들에게 무시당하지 않을까를 걱정해 온 내담자는 이상하게 무시당하는 상황에 잘 빠진다거나, 치료 상황에서도 치료자가 내담자를 무시하고 싶은 감정을 갖도록 잘 만든다는 것이다.

(3) 가바드의 거식증 치료 지침

가바드(Gabbard, 1994)는 치료자들이 주의해야 할 치료 지침을 다음과 같이 4가지로 제시하였다. 첫째, 증상도 하나의 타협책이고 기능을 지니므로, 증상 변화를 위해 과도한 개입은 피한다는 것이다. 둘째, 치료 초기 해석을 보류하는 것이 좋다. 환자가 해석을 받아들일 준비가 되었는지 살펴보아야 할 것이다. 셋째, 치료자의 역전이를 주의 깊게 살펴본다. 치료자는 환자의 부모와 비슷한 정서적 경험을 할 수 있고, 이를 환자를 이해하는 데 활용할 수 있다. 넷째, 환자의 몸에 대한 왜곡된 지각과 신념을 탐색한다. 그리고 환자의 잘못된 신념을 비판하거나 환자에게 변화를 강요하지 않고 환자 스스로 자신을 관찰하고 이해할 수 있도록 돕는다.

2) 거식증 환자의 저항 다루기

거식증 환자의 치료는 몇 가지 중대한 목표를 지닌다. 이상적으로 본다면 환자의 체중과 습관이 적절한 기준으로 회복되고, 체중과 섭식에 대한 불안이 문화적 규준상 받아들일 만해지고, 원래 거식증을 유발했던 여러 가지 공포나 갈등, 발달상의 결핍이 충분히 해소되어 합당할 정도로 정상적인 생활 유형을 채택할 수 있게 되었을 때, 환자의 거식증 장애가 충분히 회복되었다고 말할 수 있을 것이다.

환자가 진정한 회복의 길로 들어서기 위해서는 먼저 어느 정도 거식증 증상이 개선되는 것이 필수적이다. 그런 연후에야 환자의 진짜 문제들을 점차 다룰 수 있기 때문이다. 반대로, 거식증 환자들의 섭식 행동을 변화시키지 못했을 때에는 지속적으로 심리치료를 진행하기 어렵다. 왜냐하면 환자가 음식과 체중, 다이어트에 대해 계속 관심을 집중한 상태에는 진정한 회복을 위한 방법들에 관심을 기울이지 못하기 때문이다.

거식증 환자를 치료하는 경우, 치료자는 거의 예외 없이 심각한 딜레마에 빠지게 된다. 전형적으로 나타나는 현상은 거식증 환자들이 치료자를 자신을 돕는 사람으로 보기 보다는, 자신이 마른 상태를 유지하려고 하는 것을 방해하는 사람으로 보는 것이다. 더구나 치료자를 다이어트를 중단시키는 사람일 뿐만 아니라 살이 찌게 만드는 사람으로 지각할 수도 있다. 거식증 환자에게는 다이어트를 해서 날씬한 신체를 갖는 것이 매우 중대한 의미를 지닌다. 그런 상태에서 치료자는 환자의 다이어트를 방해할 수 있고, 그럼으로써 환자로부터 그나마의 관계를 빼앗아 버리고 더욱 외롭게 만드는 위협적인 인물일 수 있는 것이다.

대부분의 거식증 환자는 극히 저항심을 갖고 치료를 시작하게 된다. 이런 현상은 환자가 어떤 성격구조를 지녔는지 또는 어떤 문제를 가지고 왔는지에 상관없이 보편적으로 나타나는 현상이다. 환자가 겉으로 볼 때에는 치료자에게 복종을 하는 것 같고 치료에 대해 열의를 보이는 것 같을 때에도 마찬가지로 저항이 나타날 것이므로, 치료자는 환자의 저항에 유의해서 환자를 기술적으로 다루어야 한다.

거식증 환자들의 심한 저항을 다루는 것은 치료에서 가장 어렵고 중요한 부분으로, 저항을 극복하지 못하고서는 거식증 증상에서 어떤 변화를 가져오기도 어렵고 진정으로 회복하기란 불가능해진다. 거식증 환자의 저항을 해결하는 것은 거식증 심리치료에서 있어서 핵심적인 과제라고 할 수 있다.

거식증 환자가 저항을 보이면 치료자는 매우 당황하게 된다. 이때 심리치료자들은 자신들이 환자에게 도움이 되고 환자를 돌보고 있다고 생각하는데, 거식증 환자들은 치료자가 개입해 본들 침묵해 버리거나 노골적으로 치료자를 거부하는 적대적인 태도를 보인다. 또한 겉으로는 뭔가 흥미를 보이고 주목하는 것 같을 때도, 치료자는 환자와 의미 있게 시간을 보냈다는 생각을 갖기가 어렵다. 결과적으로 치료자는 좌절감이 커질 수 있고, 때로는 극도로 화가 날 수도 있으며, 체념하거나 비탄에 빠질 수도 있다. 가장 나쁜 상황이라면, 환자가 저항을 한 결과 치료자가 자기 능력에 대해 회의하게 되는 상황일 것이다. 물론 이런 일이 생기면 치료자는 현상을 있는 그대로 보고 객관화시킬 수 있도록 노력하고, 좀 더 경험이 많은 치료자에게 지도감독을 받아야 할 것이다. 사실상 거식증은 다른 어떤 장애보다도 심리치료자들로부터 역전이 반응을 많이 불러일으킬 수 있다.

그렇다면 이러한 거식증 환자의 저항은 어떻게 다루어야 할 것인가? 우선, 치료자는 저항을 피하지 않고 직면해야 하며, 어느 정도 역전이를 경험할 것이라는 걸 항상 예상하고 있어야 한다. 이런 대비를 하고 있으면 치료가 통제를 벗어났다

는 좌절감을 덜 느낄 수 있을 것이다. 둘째, 거식중 환자의 저
항은 환자 자신이 주로 경험하는 것을 방어해야 할 필요를 느
끼는 것으로 이해해야 한다. 치료자가 보기에는 그것이 저항
이지만, 환자 자신은 매우 적응적이고 건설적인 목적을 지니
는 것으로 여기기 때문에, 치료자의 좋은 의도를 좌절시키고
치료자를 조종하고 혼란시킨다. 따라서 치료자가 환자의 저항
을 이해하지 못하면 치료의 객관성을 상실하고 내담자의 영향
을 필요 이상으로 많이 받게 된다. 하지만 치료자가 환자의 저
항을 이해하고 대비한다면, 자신의 독립성을 유지하면서도 환
자에게 동정과 관심을 보이는 것이 가능해진다.

거식중 환자들은 너무나 자주 자신들이 이해받지 못한다고
생각하는 경향이 있다. 거식중 환자들이 치료를 받기 시작할
무렵이면, 그들 주변의 많은 인간관계는 이미 없어졌거나 계
속 유지가 된다 해도 진정한 의사소통이 어려운 상태에 빠져
있기 쉽다. 거식중 환자들은 자신들이 다른 사람으로부터 별
로 이해받지 못한다고 생각하기 때문에 치료 상황에서 저항을
더 많이 보이게 된다.

거식중 환자들은 그들이 지닌 증상으로 인해 시간이 경과
하면서 점차 자신들을 고립시켜서 결국 심각한 손해를 입게
된다. 체중을 통제했다는 초기의 승리와 기쁨은 사라지고 다
이어트도 점점 더 문제가 된다. 그 결과 거식중 환자는 더 이

상 날씬함을 추구할 수도 없고, 동시에 전혀 희망도 보이지 않는 절망적인 상황에 놓이게 된다. 거식증 환자는 자신의 증상으로부터 헤어날 수 없기 때문에 자신의 삶을 통제할 수 없다고 느끼는 절망적이고 겁 먹은 아이로 이해할 수 있을 것이다.

3) 치료자의 자세와 기법

치료자는 환자를 대할 때 중립적인 자세를 유지하기보다는 그들의 어려움을 잘 공감하고 보다 적극적으로 그들이 버틸 수 있도록 대신 버텨주는 역할을 해 주어야 한다. 거식증 환자들은 보통 치료를 받으면서도 정서적으로는 자기 혼자이고, 아무도 자신을 이해하지 못할 것이라고 느끼며, 음식과 체중, 다이어트에 대해서만 생각하려고 한다. 음식이 마음을 좀먹는 셈이다.

(1) 질문 · 탐색 · 해석의 효과

환자가 저항할 때는 치료자의 질문이나 탐색, 해석과 같은 특정 기법들은 개입 효과가 없을 수 있다. 환자와 치료자가 협력할 때 이 기법들이 비로소 효과를 볼 수 있다. 환자가 자기 심리의 특성을 명확히 이해하고 변화하고자 노력할 때 효과가 있는 것이다.

통상적으로 거식증 환자들이 스스로 치료를 받아야겠다는 필요를 느끼지 못한다면, 환자들이 이들 치료 기법들을 이용해서 적극적으로 자기를 이해하려 한다고 믿기는 어렵다. 거식증으로 고통을 겪는 사람들은 자기 자신에 대해 잘 모르며, 기를 쓰고 외면하려고 한다. 환자가 치료자의 질문을 열심히 듣고 그 함의를 탐색하게 되면, 그들이 어렵게 유지하고 있던 어설픈 안정감은 위협을 받게 되며, 거식증을 유지시키는 경직된 가정이 뒤흔들릴 위험이 있기 때문에 치료자의 질문이나 탐색을 회피하려 한다.

환자가 자기 신체에 대해 어떤 태도를 지니고 있는지를 심각하게 탐색하다 보면, 가령 '넓적다리가 너무 두꺼워 환자복을 못 입을지 모른다.' '날씬한 사람만이 행복할 수 있다.'와 같은 환자들의 완고한 신념을 너무 빨리 위협하게 된다. 음식과 체중, 다이어트에 관해서만 몰두해 있는 거식증 환자에게 치료자의 질문과 탐색이란 자신을 새롭게 생각해 볼 수 있는 기회나 호기심을 불러일으키기 어렵고, 빈번하게 심한 불안만 일으킬 위험이 따른다. 이 기법들은 거식증 환자들이 지닌 원래의 방어적인 기능을 훼손할 수 있을 뿐만 아니라, 이제 곧 살이 찔지도 모른다는 공포를 불러일으킬 수 있다.

해석은 아무리 정확하더라도 환자가 유추해서 생각할 수 있는 능력이 있느냐, 인지적 · 정서적 체험을 재체제화할 수 있느냐에 따라 그 효과가 달라진다. 사실상 해석에는 환자가 심리적으로나 행동적으로 변화할 필요가 있다는 점이 어느 정도 함축되어 있으며, 그래서 거식증 환자들로서는 치료자의 노력을 이용한다는 것이 매우 위험하게 느껴질 수도 있는 것이다. 더구나 중요한 해석들은 환자들이 집중하고 있어야 효과를 볼 수 있는데, 불행히도 거식증 환자는 자신들의 증상에 거의 강박적으로 매달린다. 치료자의 해석을 유용하게 이용한다는 것이 거식증 환자들로서는 자신의 능력을 넘어서는 일일 수도 있는 것이다.

거식증 환자가 온순하고 인정을 추구하는 사람일 때는 자주 난국에 빠지게 된다. 이때 환자는 자기이해를 추구하는 것처럼 보인다. 실제로도 치료가 회복의 길로 다소간 들어섰을 가능성도 있다. 그러나 환자가 얻은 통찰은 피상적일 가능성이 많고, 환자가 치료를 그만둘 때 보면 환자의 행동 변화가 일시적이었다는 것을 알게 된다. 이런 유형의 피상적인 통찰과 치료 성과는 환자와 치료자가 서로 자기들도 모르는 사이에 공모를 한 셈이 된다. 실상 환자는 자신의 거식증 행동에 별로 주의를 기울이지 않아도 된다면, 치료자의 말을 열심히 듣고 좋은 환자가 되도록 열심히 노력할 것이다.

(2) 적극적인 치료자의 자세

치료자가 처음부터 적극적으로 환자를 돌보는 접근이 거식증 환자의 저항을 해제시키는 데 가장 효과적인 수단이며, 동시에 거식증 환자와의 관계를 활성화시킬 수 있다. 환자가 가벼운 섭식장애가 있다거나 거식증 증상에 대한 증거가 뚜렷하지 않다면 치료자는 질문, 탐색, 해석을 주요 치료 도구로 사용하는 것이 적절하다. 치료 상황에서 치료를 어떻게 진행하느냐에 관한 결정은 환자의 기본적인 성격구조를 살펴보고 이루어져야 한다.

치료자는 환자의 저항에 대해 권위를 갖고 최대한 솔직하고 우호적인 방식으로 언급하는 것이 중요하다. 치료 초기 회기에 치료자는 환자에게 음식을 먹을 때 어떤 종류의 의례를 가지고 있는지 물어볼 수 있다. 환자들은 대부분 일정한 숫자를 정해 놓고 그 이상은 먹지 않는 습관이 있다. 또한 '안전한' 음식과 '금기' 음식이 무엇이지, 환자가 독특하게 지닌 속을 비우는 방법이 있는지 등을 물어볼 수 있다. 체중이 감소되었을 때 환자들이 느끼는 비밀스러운 쾌락이라든지, 음식과 관련해서 무엇을 어떻게 먹을지 등에 대해 마음속에서 들려오는 목소리가 있는지도 물어볼 수 있다. 이런 질문들을 통해서 환자는 치료자가 자신을 진정으로 이해할 가능성이 많다는 느낌을 받을 수 있는 것이다. 그러나 환자의 마음을 잘 따라가면서 질문을 해야지, 기계적으로 질문하는 것 또한 오히려 역효과를 낳을 수 있다.

전문가로서 환자를 만나는 것은 언제나 중요하다. 여기서 목표는 치료자가 환자의 경험과 행동에 관해 알고 있다는 것을 표현하고, 환자를 직면시키는 것과 동시에 안심시키는 것이다. 또한 환자가 치료 장면에서 자신의 문제를 조용히 부인하든 강하게 반항을 하든, 치료 과정은 안정적으로 진행되며, 내담자의 행동에 의해 쉽게 흔들리지 않는다는 것을 알려 주는 것이 중요하다.

(3) 거식증의 발생과 경과 이해시키기

치료자가 환자에게 심리치료의 필요성과 심리치료의 과정과 목표에 관해 분명하게 확신하고 있을 때 거식증 환자의 저항이 깨어지기 시작한다. 치료자는 환자에게 심리치료의 필요성을 납득시키기 위해서 환자가 어떻게 거식증이 되었고, 왜 거식증이 삶을 지배하게 되었는지를 설명할 필요가 있다. 대부분의 거식증 환자는 거식증에 대해 대강 '느끼고 있을' 따름이지, 어떻게 왜 이렇게 되었는지에 대해서는 모르기 때문이다. 거식증 환자는 보통 자신의 증상에 관해 열렬히 배우고 싶어 한다. 환자들에게 거식증과 치료에 관해 직접적인 설명을 해 주는 것은 저항을 줄이는 경향이 있다. 이런 설명은 환자들이 생각하듯 치료가 환자의 살을 찌우기 위한 것이 아니라는 것을 알려 주기 때문이다.

먼저, 치료자는 거의 모든 거식증 환자가 처음에는 정상적인 다이어트를 했다가 나중에 거식증이 걸렸다는 것을 설명해 주어야 한다. 다이어트를 해서 갈수록 날씬해지는 것이 우선은 좋게 느껴지기 때문에 환자들은 점점 더 다이어트를 중요하게 여긴다. 게다가 다이어트를 하는 경우 종종 그 노력과 끈기, 결단력에 대해 찬사와 부러움을 사기도 한다.

그러나 시간이 갈수록 다이어트가 심해지면서 주위의 가족들이나 가까운 사람들이 걱정하고 불평하기 시작하며, 강제로 먹이기도 한다. 다이어트를 시작했다가 결국 거식증이 된 사람들은 다른 사람들이 자신의 섭식 습관에 대해 비판하거나 개입하는 것을 매우 싫어하고 저항한다. 대신 이들은 한층 더 음식과 체중에 관심을 집중시키고, 다이어트 노력을 배가시킨다. 이것은 다이어트가 단지 날씬해지기 위한 것만은 아니기 때문이다. 환자는 음식에 집중함으로써 여러 가지 걱정거리나 자신을 기분 나쁘게 만드는 삶의 다른 일들을 무시하고 잊어버릴 수가 있다.

결과적으로, 거식증은 다이어트 이상의 의미가 있다. 그것은 삶에서 도저히 이겨 내기 어려울 것 같은 문제들을 해결하는 방식이다. 거식증 증상이 갈수록 점점 더 강렬해지는 것은 거식증 환자가 체중에 집중함으로써 얻게 되는 이점을 섣불리 태도를 변화시키다가 잃어버릴 수는 없기 때문이다.

거식증 환자들은 굶기 시작한 이후 머릿속에서 먹는 것에 대한 환상을 만들기 시작한다. 이것은 하루만 굶어 보면 누구나 경험할 수 있을 것이다. 관심은 자연스럽게 가장 급한 문제인 음식으로 가게 되고, 살아오면서 맛보았던 여러 가지 음식이 생각나기 십상이다. 그러나 이런 생각들이 자꾸 들기 때문에 거식증 환자들은 매우 위협을 느끼게 된다. 갑자기 통제력을 잃고 마구 먹게 될 것 같거나 살이 찔 만큼 많이 먹게 될 것 같기 때문이다. 결과적으로 환자는 훨씬 더 자신을 채찍질할 수밖에 없다. 다시 엄하게 다이어트를 시도하게 되고, 어떻게 해도 진정으로 안전감을 느끼기는 어렵게 되는 것이다. 환자는 점점 더 위험하고 안전하지 않다고 느낀다.

이렇게 되면 거식증 환자는 자신의 섭식장애로 인해 이럴 수도 저럴 수도 없는 진퇴양난에 빠지게 된다. 한때 자신에게 매우 만족감을 주었던 다이어트로 인해 이제는 고통받는 지경에 빠진 것이다. 사람을 중독시키는 여러 가지 만족은 모두 이와 비슷한 특성이 있는 것 같다. 진정한 노력을 통하지 않고 얻은 만족은 일시적으로는 우리를 만족시키지만, 잘못 빠져들면 헤어 나오기 어려운 구렁텅이로 우리를 몰아갈 수도 있기 때문이다.

거식증의 발생과 경과를 설명하다 보면 자연스럽게 심리치료가 어떻게 이루어지는지에 대해 설명해 줄 뿐만 아니라 심리치료를 통해 얻을 수 있는 이점과 부담에 대해서도 이야기하게 된다. 다시 한 번, 치료자는 환자들이 지닐 수 있는 의심과 가정들을 없애기 위해서 명확한 입장을 취하는 것이 중요하다. 치료자는 환자에게, 가만히 내버려 두면 환자 스스로는 뼈만 남기를 원하고 정말 그 지경에 이르게 되며, 음식과 체중과 다이어트에 관한 온갖 관심사로 인해 삶을 서서히 잠식당해서 다른 의미 있는 것들을 하지 못하게 만들 것이므로 심리치료가 필요하다는 것을 설명해 주어야 한다.

치료자는 체중에 대해 특별히 무게를 부여하지 말아야 한다. 치료자와 환자 모두 환자가 체중이 너무 적게 나간 것이 주된 이유가 되어서 치료가 시작되었다는 것을 이미 알고 있다. 그러므로 치료의 목표 중에는 체중 증가도 포함된다. 특히 체중과 관련해서는 필요하면 의사에게 환자의 체중과 의학적 상태를 점검받도록 해야 한다. 그리고 만약 환자의 건강 상태가 위험한 정도라면, 환자를 보호하기 위해서라도 반드시 입원을 시켜야 한다. 반면에 환자가 체중을 늘리겠다는 각오가 있어 보이면, 치료자는 환자의 체중을 서서히 증가시킬 수 있는 식사 계획을 짜도록 한다. 여기서 중요한 것은, 체중은 치료 계획의 한 부분일 뿐 치료에서 다루어질 유일한 문제는 아니라는 것을 알려 주는 것이다.

(4) 의미 있는 치료관계 형성하기

환자가 거식증으로부터 벗어나기 위해서는 많은 전문적인 도움이 필요하므로, 치료자는 환자의 삶에 매우 중요한 사람이 될 것이며 또 되려고 할 것이다. 치료자는 그런 사실을 사전에 환자에게 말해 준다. 환자는 자신의 증상에 완전히 파묻혀 있지만, 당연히 그것마저도 환자를 행복하게 하거나 안전 감을 주지 못한다. 이때 치료는 환자에게 보다 안전한 공간을 제공해 줄 수 있다. 시간이 흐르면서 환자는 다이어트보다는 치료에 의지하는 것이 보다 편안하고 보상이 된다는 것을 배우며, 치료자는 안전하고 도움이 되는 존재가 된다. 환자는 이제 거식증을 통해 피하고 싶어 하던 힘들지만 의미 있는 것들을 직면하고 극복하는 방법을 배움으로써 일상생활에서 자기 자신과 삶에 대해 어떻게 하면 더 좋게 느낄 것인지를 배울 것이다.

여기서 핵심은 거식증 환자들이 저항을 보일 때 그것을 공격하거나 해석하기보다는 환자에게 좀 더 바람직하고 보상적인 대안을 제공함으로써 저항을 없애는 것이다. 치료자의 거식증에 대한 지식과 치료에 대한 설명은 환자를 놀라게 할 수 있지만, 한편으로는 환자의 관심을 끌 것이다. 이것이 계기가

되어 환자는 자신의 증상으로부터 벗어나서 관심을 치료관계
로 돌릴 수 있을 것이다.

치료자는 계속해서 치료에 대한 책임을 지고, 그의 전문성
을 드러내며, 환자에게 안전한 피난처를 제공해야 한다. 치료
자가 전문성을 보여 주는 것은 오로지 거식증에 대한 지식만
이 아니라 다른 여러 가지가 모두 포함될 수 있다. 예를 들면,
칼로리에 대한 정확한 지식을 제공한다든지, 크리스마스 저녁
에 생길 수 있는 갈등을 어떻게 하면 제대로 다룰 수 있을지에
대해 도움을 주어야 할 것이다. 또한 성에 관련된 해부학적인
측면이나 심리적인 측면에 대해서도 답해 줄 수 있고, 공부나
진학에 대해서 이야기를 나눌 수도 있다. 가능하면 치료자는
축적된 지혜와 능력을 바탕으로 환자에게 실제적이고 구체적
인 이익을 줄 수 있어야 한다.

지금까지 기술한 치료적 입장은 매우 적극적인 경향을 띠
고 있다. 전통적으로 치료자는 전이 경험을 매개하는 역할을
하고, 그런 경험을 위험하지 않게 치료적으로 환자에게 되돌
려 줌으로써 환자가 그의 경험과 행동을 더 잘 이해하게 하는
역할을 하였다. 그러나 섭식장애 환자를 치료할 때, 치료자는
적극적인 힘을 지니고, 보다 현실적인 행동을 취하며, 자신을
많이 노출할 수 있다. 치료자는 환자의 저항을 제거하기 위해

서 노력하며, 치료관계라는 것이 무엇이며 어떤 가치가 있는
지를 환자에게 구체적으로 보여 준다.

치료자는 치료의 적극적인 책임을 맡고 환자에 대해 보다
직접적인 행동을 취할 때, 익숙하지 않고 복잡한 상황에 보다
많이 직면할 가능성이 높다. 예를 들면, 치료자는 환자의 주변
인물인 부모, 형제, 애인, 친구, 교사 등을 간헐적으로 계속 만
나게 된다. 이 경우 치료자가 전문적인 돌보는 사람의 역할을
취할 때 치료자는 환자의 보호자로서 활동할 필요가 있고, 환
자의 삶에 큰 영향을 줄 수 있는 결정에 대해 다른 사람을 지
혜롭게 설득할 수도 있으며, 환자를 위해 해야 할 일과 그렇지
않은 일에 관해 매우 구체적인 정보를 제공할 수 있다. 치료자
의 행동은 환자뿐만 아니라 가까운 사람들에게도 중대한 영향
을 미친다. 그 결과, 치료자는 환자의 대인관계망에서 중심적
인 위치에 서게 된다. 이것은 치료자와 치료 과정을 알려지지
않은 복잡하고 통제하기 어려운 상황에 노출시킨다.

이런 접근의 결과, 거식증 환자의 저항이 감소하면서 환자
는 치료자에게 깊은 애착을 형성할 수 있다. 종종 이런 애착은
거식증 환자가 자기 증상에 대해 지니고 있던 관계와 유사한
질을 지닌다. 즉, 환자는 치료자의 미덕에 대한 이상화된 관점
을 가지고, 치료자와 치료에 극단적으로 몰두하며, 상담시간
의 도움을 받지 않고는 아무 것도 할 수 없으며, 치료를 더 받

아야 새로운 문제에 직면할 수 있다고 믿게 된다. 거식증 환자
의 이전 공포와 유사하게 환자는 이제 치료자를 잃는 것에 대
해서 두려워할 수 있다.

가장 나쁜 시나리오는 치료를 종결하는 것이 마치 자기를
잃어버리는 것처럼 크게 생각되어서 치료를 끝없이 계속해야
하는 치료적 난국에 빠지는 것이다. 이 경우 환자에게 치료자
및 주변 세계와 다른 방식으로 관계를 맺는 것이 얻는 게 더
많음을 설득시키는 것이 치료의 과제가 된다. 특히 치료관계
는 상실되거나 버려지는 것이 아니며, 대신 최대한 서로를 존
중하고, 진정으로 친밀한 관계를 맺는 것이라는 신념을 수립
할 필요가 있다.

이제 거식증 환자의 핵심관계는 인간적이고 관계적이라는
면에서 엄격하게 규정된 규칙, 의례, 외로운 환상과 관계를 갖
는 것과는 차이가 있다. 문제는 인간관계로부터 지원이나 보호
와 지도를 못 받는 것이지, 환상을 통해 만족감을 느끼던 것을
갑자기 잃어버리는 것이 아니다. 이것은 치료자에게 결정적인
이점을 제공하여, 치료자는 계속적인 실제 관계를 유용하게 이
용할 수 있는 기회를 가진다. 더구나 치료자는 환자의 사고, 감
정, 행동에 대해 함께 논의할 수 있으며, 서로 영향을 주고받을
수 있다. 환자가 그의 증상과 맺은 관계에 비하면 치료자-환자
관계는 개방적이고 융통성이 있다. 치료자의 인내와 능숙한 작

업은 치료적 관계가 시간이 지나면서 발전할 수 있는 기회를 제공하며, 환자가 의존적인 애착으로부터 벗어나서 새롭고 보다 만족스런 형태의 관계를 맺을 수 있게 한다. ◆

4. 거식증의 인지행동치료

1) 인지행동치료의 원리

거식증에 대한 인지행동치료에 관심이 증가해 왔다. 그리고 이미 앞에서 어떻게 인지행동적 원리들을 구체적으로 적용해서 환자들의 잘못된 사고 패턴들과 신념들을 확인하고 평가하며 변화시킬 수 있는지를 기술하였다. 이런 맥락에서 인지의 중요성을 지나치게 강조하면, 전통적인 행동 개입에서 일어난 것들과 같은 일이 벌어질 수 있다. 즉, 여러 가지 인간 기능 중에서 사고의 측면에 대해서만 너무 많은 주목을 하는 것이다.

인지적 및 행동적 변화 간의 상호 의존성은 매우 중요하며, 그것들을 별개로 다루는 것은 잘못임을 인식해야 한다. 인지적 방법과 행동 훈련을 병합하는 것은 인지행동치료의 근본적인 부분이다. 예를 들어, 거식증 환자들이 지닌 예언적인 생각은 행동실험에 의해 검증될 수 있다. 만약 거식증 환자가 자신의 운동 강도를 조금만 낮춰도 엄청난 체중 증가를 가져올 것이라고 믿는다면, 이때 운동을 금지시키는 것은 가설을 검증할 기회가 될 것이며, 비합리적인 공포를 지각하게 만들 것이다.

인지행동적 접근에서는 거식증 증상이 체중과 섭식에 대한 특징적인 신념 세트에 의해 유지된다고 본다. 거식증의 핵심 전제는 자기의 가치는 체중과 몸매에 의해 매겨진다는 것이다. 이런 신념은 자기에 대한 관점과 체중과 인간적 가치를 연결시키는 사회문화적 맥락의 복잡한 상호 작용에서 생긴다.

일단 이런 생각이 생기고 나면 고정적인 섭식장애 행동을 반복하고, 비합리적인 신념을 계속 인정하며, 인지적 편파를 가지고 정보를 처리하게 되고, 기아로 인해 생리적인 변화가 나타난다. 거식증의 이러한 핵심 특징들은 좀 더 일반적인 신념체계의 측면들을 채워 주기 때문에 긍정적·부정적 강화 효과를 얻게 되므로 의식적으로 불편감을 주지 않는다.

요즘은 인지연구가 인지적 내용을 넘어서서 섭식장애의 신념들이 발전·증가하고 점차 자동적으로 되어 가는 '과정'을 탐색하는 데로 초점이 모아지고 있다. 거식증 환자들은 거의 자동적으로 증상을 지속시키는 체중과 관련된 자기도식self-schema을 발달시키는데, 이 자기도식은 개인이 자신의 경험을 지각하고 해석하고 기억하는 방식을 결정짓는다.

또 거식증 환자들은 정보처리 방식에서 정상인과 차이가 있다는 가설도 검증되고 있다. 거식증 환자들은 어떤 글을 읽은 후에 음식이나 체중과 관련된 정보를 더 잘 기억하고 선택적으로 주의를 기울인다. 하지만 이런 결과들이 환자의 주의가 편파된 것을 반영하는 것인지, 환자의 그때 상태에 가장 두드러지는 걱정을 평가하는 것인지는 분명치 않다.

2) 인지행동치료 적용시키기

다음은 증상의 자아동조적 성질, 신체적 요소와 심리적 요소 간의 상호 작용, 음식과 체중에 관한 특이한 신념, 자기개념의 결함이라는 4가지 특징에 초점을 맞추어 인지적 기법들을 살펴본 것이다.

(1) 거식증 환자를 치료에 참여시키기

'협력적 경험주의'를 통해 치료에 환자를 능동적인 참여자로 개입시키는 것이 중요하다. 이는 환자로 하여금 치료자와 함께 자신의 신념과 행동이 실제로 자신의 경험에 어떤 영향을 미치는지를 스스로 발견하는 실험적 과정에 참여하도록 격려하는 것을 가리킨다. 환자는 자신의 생각을 지키기 위해 스

스로 선택한 수단이 무엇인지, 그리고 그로 인해 생기는 결과
가 무엇인지 스스로 잘 들여다보아야 한다. 무엇보다도 건전
하고 지지적인 치료적 관계를 수립하는 것이 가장 중요한데,
이는 체중이 늘 것이라는 끔찍한 예상에 직면하는 환자의 의
욕을 가져오는 데 필수적이기 때문이다.

처음 몇 회기는 환자의 섭식장애 손익 목록을 모두 적어보
도록 돕는 데 할애한다. 이 작업의 의도는 다음 4가지다.

첫째, 섭식 증상이 지닌 장점들을 다룸으로써 다른 가족구
성원이나 치료자들이 자신의 장애행동의 위험성에 대해 경고
하는 것을 신물 나게 들어온 환자를 '무장해제' 시키는 방편이
될 수 있다. 치료자는 체중 감소가 어떤 중요한 이득을 가져다
줄 수 있다는 것을 터놓고 인정하고, 환자가 체중을 회복하지
못하면 치료가 성공하지 못한다는 사실을 강조한다.

둘째, 환자 스스로도 고통스러워하는 증상들에 대해 심리
교육을 할 기회를 갖게 된다. 치료자는 치료 동안 재발할 수
있는 증상들에 대해서 분명히 말해 준다. 이런 증상들은 제한
된 식이요법과 적정 수준 이하의 체중과 떼려야 뗄 수 없는 관
계에 있고, 환자가 이상적인 날씬함과 연관시키고 있는 이득
을 계속 유지하려 하면 이런 증상들을 없앨 수가 없음을 알려
준다.

셋째, 장애의 장단점을 확인하는 것은 중요한 평가 기능으

로서 환자의 동기체계와 자신의 장애에 대한 주관적 경험이 어떠한지에 대한 정보를 제공해 준다.

넷째, 이 기법을 씀으로써 인지행동치료의 변화 전략을 소개하는 기회를 갖는다. 이 장단점들은 타당성과 적응성을 검증해 볼 수 있는 가설이 되기도 하고, 이후 자료수집의 기초가 되기도 한다. 이와 같이 연습을 강조하는 것은 인지치료의 가장 두드러진 특징이다.

(2) 섭식과 체중 관리하기

굶거나 혼란스러운 섭식 행동을 보이는 환자는 치료 과정에 능동적으로 참여할 수가 없으므로 치료 초기에 먼저 영양학적 상태와 체중 상태를 제대로 돌려놓는 노력이 이루어져야 한다. 이는 환자의 핵심 신념을 탐색하는 과정과 병행하여 통합적으로 이루어진다.

일단 월경을 할 수 있는 정도 이상의 체중을 목표로 잡고 환자와 협의한다. 목표 체중은 치료 과정에서 환자의 신진대사나 원래 체중 등을 고려하여 수정할 수 있지만, 환자의 체중 증가에 대한 두려움 때문에 양보되어서는 안 된다. 이런 목표를 향해 환자가 얼마나 진전하고 있는지를 규칙적으로 점검하고, 진전 정도에 따라 환자를 지지해 준다.

회복 초기에 환자는 미리 영양학적 구성과 양을 따져서 짠 식단에 따라서 '기계적으로' 식사를 하도록 격려된다. 체중을 늘리거나 폭식을 촉진할 것이라는 두려움 때문에 회피되어 온 '금지된 음식'도 점진적으로 도입한다.

(3) 체중과 음식에 대한 신념 수정하기

인지행동치료의 핵심은 환자로 하여금 자신의 사고와 정보처리 스타일의 타당성을 검증하도록 가르치는 것이므로, 신념을 평가하는 기법을 가르치고 숙제를 통해서 연습하도록 한다.

첫 단계는 특정한 신념을 조작적으로 정의하는 것이다. 자신의 체중과 음식에 대한 걱정에 관한 연상망을 스스로 그려 보고, 자신의 가정을 어기면 무슨 일이 일어날지에 대한 기대를 명료화하도록 한다. 그 다음에는 치료 장면과 자기검색을 통해 제공한 내용들을 연역법과 귀납법을 통해 탐색한다. 이때 선택적 주의, 이분법적 추리, 확증 편파와 같은 정보처리의 논리적 오류를 확인하고 논의하며, 도식에 의한 정보처리가 자료를 정확히 해석하는 능력을 손상시키는 때가 언제인지에 대해 좀 더 경각심을 지니도록 가르친다. 또한 스스로에 대한 기준과 타인에 대한 기준 간 차이를 인식하고, 자기 자신의 행동과 외모가 환경에 특정한 영향을 미칠 때를 결정하는 구체적인 기준을 세우도록 돕는다.

환자는 자신이 경험하는 괴로운 인지에 대해 다음과 같은 질문을 던지도록 훈련받는다.

"내 신념의 증거는 무엇인가?"
"다른 대안적인 설명이 있는가?"
"내 신념이 맞다면 그 함의는 무엇인가?"
"내가 내 신념에 따라 행동하는 것이 적응적인가?"

환자가 표현한 많은 예언을 공식적인 가설로 바꾸어 표현하고 자료를 수집하여 그 타당성을 평가한다. 이를 위해 치료자와 환자가 함께 실험을 설계한다.

(4) 자기에 대한 관점 수정하기

치료가 진행되어 감에 따라 치료의 초점을 부분적인 증상에서 이 장애가 발달하도록 한 환자의 성향에 가까운 더 일반적인 측면으로 서서히 옮겨 간다. 자기개념, 자기자각, 성취와 성숙과 도덕성에 대한 걱정에서 특히 섭식장애에서 두드러진 결함을 구별해 낸다. 예를 들어, 가치 간 논리적 비일관성의 탐색, 불가능한 목표를 정해 놓는 것의 기능적 결과에 대한 탐색, 그리고 이를 검증하기 위한 실험설계 등이 그것이다. 치료 후기에는 자신의 목표를 성취하기 위한 새로운 방략과 즐거움

과 자부심을 경험하게 해 줄 긍정적 강화의 새로운 원천, 개인
적 가치를 재는 새로운 기준을 가지고 실험을 해 보도록 격려
한다.

　치료 기간은 대개 1~2년 정도로 잡으며, 처음 몇 달은 좀 더
집중적으로 한다. 거식증에 대한 인지행동치료는 좀 더 고차적
인 신념 수정을 위한 인지재구성 기법을 더 많이 사용한다. ◆

5. 폭식증의 정신역동치료

1) 환자에 대한 탐색과 직면

우선, 치료자는 폭식과 설사제 사용 행동에 영향을 줄 수 있
는 환경적 요인들과 심리적 요인들에 대해 상세히 탐색해야
한다. 보통은 단지 폭식이 일어날 뿐이라고 말하는 내담자들
이 많지만, 폭식이 일어나기 바로 이전 생각이나 감정, 상호
작용들을 깊이 있게 살펴보는 것이 치료의 첫 단계다. 이를 통
해 내담자는 섭식 행동이 자기 스스로에 의해 시작되었다는
것과 보호적인 기능이 있으며 매우 의도적이라는 것을 이해하
게 될 것이다.

내담자는 이런 작업을 통해서 자기 자신을 달래기 위한 방
법으로, 그리고 특히 원하지 않는 초조한 상태나 감정에 대처
하기 수단으로 음식과 설사제 사용에 관심을 갖게 된다는 것

을 서서히 이해하게 된다. 그들에게는 그러한 상태를 견뎌 내는 힘이 매우 작은 것이다. 이런 내담자들을 상담할 때는 우선 설명을 많이 해 주고, 그들이 경험하는 정서에 관해 지지를 충분히 해 주는 예비 작업이 필요하다. 폭식증 환자들은 어떤 정서를 경험하면, 섭식을 통해 회피할 것이 아니라 자기 마음속의 소리를 듣고 그것을 이용해야 하는 신호라는 것을 인식해야 한다.

치료의 초기 목표는 내담자들로 하여금 자신의 불안을 회피하지 않고 직면하도록 하는 것이다. 내적인 스트레스가 생길 때 즉각적으로 섭식을 하면 불안을 피하게 되고, 그렇게 되면 자신이 무엇을 왜 피하는지를 모르게 만듦으로써 현실적인 대처를 더욱 못하게 만들고 말 것이다.

뭔가 자신이 휩쓸려 갈 것 같은 공포, 분리에 대한 두려움, 다른 사람뿐만 아니라 자신의 경험을 통제해야 할 필요, 이런 통제가 풀릴 것 같은 공포 등이 폭식증 내담자를 치료하는 데서 자주 나타나는 전이 주제다. 이러한 요소들은 폭식 내담자들이 갈등을 덮어서 가리고, 피상적이며, 지나치게 빨리 미숙한 형태로 정체성을 형성하고, 심리 발달이 정체되게끔 만든다. 따라서 치료자는 내담자들에게 이런 모든 소망과 두려움을 경험할 수 있는 '중간 공간'을 제공해서 내담자가 치료관계에 대해서 어떤 요구나 부담을 걱정하지 않게 해 주어야 한다.

또한 자신에게 무엇이 기대되는지 염려하지 않고 자신의 현재 경험을 확인할 수 있는 여지를 가질 수 있도록 해야 한다. 내담자는 조기에 형성된 정체성이 인정받지 못하고 파편화되고 해리된 자기의 측면들을 이런 방식을 통해서 통합할 수 있는 문을 열어야 한다.

2) 치료 계획 세우기

폭식증을 치료하는 데 가장 중요한 원칙은 개별적인 치료 계획을 세우는 것이다. 특히 우울증, 성격장애, 약물남용 등 공존하는 심리 장애에 대한 것도 치료 계획의 일부로 포함시켜야 한다.

정신역동치료가 모든 환자에게 다 잘 들어맞는 것은 아니지만 여전히 주류를 이룬다. 치료가 어려운 환자들의 2/3는 경계선 성격장애이고, 나머지는 다른 성격장애나 심한 우울증을 겪고 있는 경우다. 이들에게는 장기적인 정신역동치료가 필요하고 종종 약물적 개입도 필요하다. 많은 환자가 행동치료에 불만을 표시하기도 하는데, 치료자가 자신의 내부 세계는 무시하고 외현적 행동에만 초점을 맞추는 것이 본질보다는 외면적인 것에 더 관심을 보였던 부모와의 성장 경험을 반복하는 것같이 느껴지기 때문이다. 제이거(Yager, 1984)는 전체 폭식증 환자의 50%가 행동수정 기법에 불만을 나타냈다고 보고했다. 자신의 섭식 문제는 보다 근원적인 장애의 증상인데, 섭식 습관에 대한 일기를 쓰라는 것은 마치 자신을 깎아 내리는 것처럼 느껴진다는 것이다. 행동기법이 효과적이기 위해서는 굳건한 치료적 동맹이 있어야 한다. 따라서 이런 동맹을 발달시키고 유지하려면 전이분석이 있어야 한다.

폭식증은 전해질의 균형이 깨져 심장박동 정지를 초래하여 생명에 위협을 줄 수도 있기 때문에 혈액 상태를 모니터하는 것도 치료 계획의 일부로 포함시켜야 한다. 또 경계선 성격장애나 주요 우울장애가 공존하는 경우가 많으므로 자살이나 자해 시도 여부도 잘 살펴야 한다. 입원을 할 경우에는 치료 계획을 개별화해야 할 뿐 아니라 화장실 문을 잠그는 등 증상 통제에 대한 과제를 부여하고, 정상적인 식사 스케줄을 짜고 영양사를 통해서 심리교육적 도움을 받으며 일기를 쓰도록 격려한다.

심리치료 장면에서 가족 양상이 재생되면 가족체계 내에서 환자의 역할을 이해하는 데 도움이 된다. 폭식증은 가족 내 균형의 일부인 경우가 많기 때문에 가족치료나 개입이 필요하다. 환자가 나아지는 것이 다른 가족구성원에게는 위협이 될 수 있고, 이에 대한 방어로 환자의 치료를 교묘하게 방해하거나 다른 가족구성원이 심한 기능장애를 보일 수 있다. 따라서 치료자는 가족들이 환자의 치료를 중단시키지 않도록 가족들의 욕구를 존중하고 가족들의 어려움을 이해하고 버텨줄 수 있어야 한다.

3) 폭식증의 전이 다루기

폭식증 환자들을 치료할 때는 불가피하게 전이/역전이 문제가 나타난다. 이들 내담자는 정서적으로 배가 고픈 것이다. 그들의 요구는 명백하다. 내담자의 정서적인 '배고픔'에 대한 치료자의 반응은 무엇일까? 일반적으로 여자 환자들이 의존욕구를 보일 때 남자 치료자들이 뒤로 물러서는 경향이 더 강한 것으로 알려져 있다.

치료자는 환자에게 기쁨을 제공해 줄 수 있는 전지전능한 사람이 되고 싶은 유혹도 있고, 환자의 폭식적인 행동이 참기 어려워서 쉽게 비판적인 입장이 되고 싶은 유혹도 생긴다. 문제 청소년들에게서 대부분 나타나는 문제가 통제의 문제다. 이들은 자신이 통제받는다는 느낌을 갖지 않고 자율성을 지키기 위해서 약속을 잊어버리거나 대화를 거부하고, 문제를 알려고 하지 않는 경향이 두드러진다.

그러나 종종 폭식증 환자들이 행동화하는 방식이나 전이/역전이 행동방식은 책에서는 볼 수 없는 매우 교묘한 방식으

로 나타난다. 때로는 치료가 가장 잘된다고 생각될 때가 환자
가 가장 방어적이고 철수했을 때이기도 하다. 때로 환자의 정
중함은 충동성, 분노, 지독한 우울감을 감추고 있다. 그것은
또한 실제 상담관계에서 이해받지도 못하고 혼자 있는 경험을
할 때, 피상적으로나마 관계를 유지하게 한다. 외로움을 감추
기에 점잖아 보이는 것만한 것이 없을 것이다.

종종 폭식증 환자는 치료 과정에서 아무 일도 안 일어나게
하려는 욕구를 지니고 있다. 이들은 정중한 행동을 유지함으
로써 정서적 안정성을 보장받는 한편, 자신이 통제받을지도
모르는 불안을 피한다. 이들은 알게 모르게 침묵을 지키며 치
료자를 무력하게 만들고, 그들이 두려워하는 단어나 해석이
감히 자신에게 침투하지 못하도록 막는다. 이때 치료자는 환
자를 탐색하거나 해석하면서 자신도 모르게 지독한 고독감과
무력감을 피할 수 있다. 환자들마다 독특한 방식으로 자기를
감추기 때문에 치료자는 고독을 피하는 환자의 방식에 면역
이 안 되어 있기 일쑤다. 이것이 바로 그들의 전이/역전이 패
턴이다.

치료자와 환자 간에는 단절의 시간이 있을 수 있다. 이것을
알아낼 수 있는 보다 직접적이고 신뢰로운 방법은 치료관계에
서 상호 작용의 질을 주목하는 것이다. 때로 환자의 꿈에서도
드러난다. 폭식증 환자들은 자신들이 말하는 내용과는 거리를

두면서 여러 가지 감정이나 일에 대해 말하는 능력이 있다. 무언가 단절되었다는 것을 느낄 수 있는 것은 상담시간을 둘러싸고 있는 '이상한 분위기'나 산만함을 통해서다. 치료자나 환자는 각자 자기의 세계 속을 헤맨다. 예리한 귀를 가진 치료자는 이런 환자의 연상을 중단시키고 환자의 혼란함 속에서 무슨 일이 일어나고 있는지를 물어볼 수 있다. 환자가 자신이 말하고 있는 내용과는 다른 것에 정신을 빼앗기고 있다는 것을 주목함으로써 치료자와 환자 사이의 간격을 메꾸기 시작할 수 있다. 때때로 치료자로부터 거리를 두는 것은 고뇌하는 환자에게는 발달적으로 필요한 부분이기도 하다.

치료자로서는 치료를 잘하고 싶은 욕구가 있는데, 이것은 종종 환자에게 자기가 원하는 것을 하려는 욕구를 방해하는 통제 수단으로 지각되기도 한다. 그러다 보니 때로 치료자가 자신의 삶을 통제한다는 생각이 들게 된다.

환자가 극단적으로 치료자의 분노를 유발하는 행동을 할 때, 치료자의 역전이 반응도 마찬가지로 강렬해져 자신도 모르게 환자의 방어행동에 공모하기도 한다. 또한 환자는 통제를 당하지 않기 위해 여러 가지 다른 방식으로 반응하면서 치료를 더욱 복잡하게 만들기도 한다. 쉽게 해결하기는 어려운 일이지만, 치료자는 이면에 있을 수 있는 잠재적인 갈등을 인식하면서 치료를 해야 한다.

요점은 폭식증 환자들이 이상하고 상대방을 자극하는 행동을 통해 자신의 정체성을 추구하고 있다는 것이다. 폭식증 환자들은 사람의 세계에서 음식의 세계로 퇴각한 이들이다. 그곳에서 그들은 미숙한 규칙과 융통성 없는 법칙으로 정체성을 형성하기 위해 미약한 시도를 한다. 이에 대한 치료 목표는 음식에 대한 관심을 최소화하고 진정한 관계를 맺도록 하는 것이다. 이들은 자신들의 여러 가지 내적인 측면을 자유롭게 경험할 수 있어야 한다. ❖

6. 폭식증의 인지행동치료

어떤 심리치료 방식이 폭식증 치료에 효과가 더 있는지에 대해서는 알려진 것이 많지 않다. 그렇지만 일반적으로 인지행동치료는 효과적인 폭식증의 치료방법으로 받아들여지고 있다.

인지행동 접근으로 치료된 첫 일련의 사례들이 페어번(Fairburn, 1981)에 의해 보고되었다. 11명의 폭식증 환자들이 개인치료를 받은 결과, 9명은 과식과 구토 기간의 빈도가 줄었으며, 이 중 7명은 약 9개월 후에도 유지되었다. 페어번은 환자들의 체중은 변화하지 않았지만 불안과 우울 수준은 감소되었으며, 체형과 체중에 대한 역기능적 태도들도 수정되었다고 보고하였다. 페어번의 프로그램에서 사용한 인지행동 기법들은 벡과 그 동료들(Beck, Rush, Shaw, Emery, 1979)의 우울증 치료 기법에 근거한 것이며, 음식·섭식·체중·체형에 관한 환자의 극단적인 관심을 수정하는 데 관심이 주어졌다. 이 프로그램은 가장 폭넓게 연구된 인지행동치료에 속하며, 표준 치료 절차가 상세하게 명시되어 있다(Fairburn, 1985).

레이시(Lacey, 1983)는 환자를 대상으로 하여 '통찰' 치료와 결합된 인지행동치료를 받은 실험집단과 통제집단을 비교하였다. 그 결과 10주 말 경에는 치료를 받은 사람들에게서 폭식 및 설사제 사용이 96% 감소했으며, 치료 말경에는 30명 중 24명이 폭식과 구토를 중단하였다. 2년간의 추수 연구에서도 재발의 증거는 나타나지 않았다. 치료 초기에 탈락한 환자는 없었으며, 추수 기간 동안 단지 7%만이 탈락하였다. 그러나 다른 연구에 비교할 때 폭식 증상의 성공적인 감소에도 치료 과정 동안 우울 점수는 증가하였다.

치료 효과에 대한 여러 연구는 폭식증에 대한 인지행동치료의 효과를 지지하는 경향이 있지만, 대안적 치료 형태를 제공하는 적극적인 통제조건이 부재하기 때문에 특정 치료 절차가 효과를 가져왔다고 결론 내릴 수는 없다.

앞에서 살펴보았듯이, 폭식증 환자에게는 거식증을 유지하는 특정한 인지적 과정이 있다. 즉, 자기가치감을 전적으로 몸매와 체중의 관점에서 판단하는 경향, 낮은 자존감과 완벽주의, 이분법적 사고 경향이 있다. 이런 인지적 특징 때문에 뚱뚱해지고 체중이 늘어나는 데 대한 두려움 속에서 살면서 몸매와 체형의 변화에 매우 민감해지고, 자신의 섭식에 대해 끊임없이 엄격한 통제를 하려고 시도하는데, 이런 식이요법이 앞에서 논의한 기제에 의해 폭식에 취약하게 만드는 것이다. 예를 들어, 자기가 정한 다이어트 목표를 조금만 어겨도 먹는데 대한 통제를 포기해 버리고, 그 다음에 다시 다이어트 결심을 새로이 하는 것이다.

인지행동치료의 주요 목표는 섭식 습관뿐만 아니라 체중과 체형에 대한 환자의 잘못된 생각을 교정하는 것이다. 그리고 완벽주의, 이분법적 사고, 부정적 자기평가 등의 인지적 왜곡을 다루어야 한다. 앞에서 제시된 페어번의 치료 절차는 다음 3단계로 구성된다(Fairburn, 1985).

- 환자가 자신의 섭식에 대한 통제력을 다시 얻고, 규칙적인 식사 패턴을 세우도록 돕는다. 주로 행동적 기법과 교육적 기법을 사용한다.
- 좀 더 넓은 관점에서 다이어트와 폭식을 일으키는 요인에 대해 도전하는 절차를 도입한다. 또 문제가 되는 사고방식을 인지재구성 절차를 써서 수정한다.
- 나아진 것을 공고히 하고, 변화가 미래에도 유지되리라는 확신을 심어 준다. 이 단계에서 재발 예방 절차가 사용된다.

단계별 인지행동치료 (Fairburn, 1985)

- 1단계: 치료의 근거가 되는 인지적 관점을 설명하고, 폭식을 좀 더 안정적이고 규칙적인 식사 패턴으로 변화시킨다.
  ① 폭식증의 유지에 대한 인지적 관점을 설명한다.
  ② 자기검색을 시킨다.
  ③ 체중을 검색한다.
  ④ 다음과 같은 내용을 교육한다.
    - 체중 조절: 신체질량지수(BMI) 산출과 해석법을 가르치고, 자신의 BMI를 계산한다. 자연스러운 체중의 변화와 그에 대한 오해 설명, 다이어트가 필요 없는 목표 체중 범위에 대해 가르친다.
    - 폭식과 스스로 유도한 구토, 설사제, 이뇨제의 신체적 효과: 전해질의 비정상성, 부종, 침샘의 비대, 치아 손상, 생리불순, 배고픔과 배부름의 효과 등에 대해 가르친다.
    - 체중 조절 수단으로서 구토, 설사제, 이뇨제의 비효율성: 토를 한다고 먹은 것을 많이 배출할 수 있는 것은 아니며, 설사제와 이뇨제는 칼로리 흡수를 방지하는 효과가 별로 없음을 가르친다.
    - 다이어트의 효과: 폭식을 촉진하는 다이어트 유형, 다이어트 규칙 및 지침을 가르친다.
  ⑤ 섭식, 토하기, 설사제와 이뇨제 사용에 대한 충고를 한다.
    - 규칙적인 식사 패턴을 처방한다.
    - 폭식을 대신하거나 지연시키는 대안적 행동을 사용하게 한다.

  - 구토, 설사제, 이뇨제에 관해 충고한다.
⑥ 가까운 친구나 친척을 면접한다.

• 2단계: 앞 단계에서 했던 규칙적인 식사와 대안적 행동과 매주 체중 재기 등에 대한 강조를 계속하면서 모든 형태의 다이어트, 몸매와 체중에 대한 걱정, 좀 더 일반적인 인지적 왜곡을 공격하는 데 초점을 둔다.
① 다이어트의 문제점을 찾는다.
② 다이어트의 기술을 향상시킨다.
③ 몸매와 체중에 관한 걱정을 다룬다.
  - 생각 자체를 써 본다.
  - 그 생각을 지지하는 논쟁과 증거를 정리해 본다.
  - 그 생각을 의심하게 하는 논쟁과 증거를 정리해 본다.
  - 환자는 논리적 결론에 도달하여 그 결론을 따라 행동해야 한다.
④ 다른 인지적 왜곡을 다룬다.

• 3단계: 미래의 어려움을 준비한다(재발 예방). 치료는 처음 몇 주 동안은 일주일에 2회기가 좋고, 이후에는 2주에 1회 실시한다. 환자들이 미래에 대해 현실적인 기대를 갖게 하는 것이 중요하다. 다시는 폭식을 하지 않겠다는 생각은 자칫 위험할 수 있다. 섭식문제를 다루기 위해 치료에서 배운 방법과 기술을 이용할 수 있다는 것을 기억해야 한다.

요약해 보면, 체형과 체중에 관한 폭식증 환자 신념의 강도는 섭식장애의 가장 두드러진 특징 가운데 하나다. 또한 그런 신념들은 단지 증상일 뿐만 아니라 이들 장애와 관련된 잘못된 행동들을 유지할 수 있다고 주장되고 있다.

섭식장애 치료에 인지행동치료가 효율적이기는 하지만, 다른 치료 기법과 공조를 할 때 더욱 효과적이라고 할 수 있다. 가너와 가핑클(Garner & Garfinkel, 1985)이 여러 가지 전략을 체계적으로 적용하는 것이 단일한 이론적 모형으로만 작업하는 것보다 좋다고 주장한 말을 명심할 필요가 있다. ◆

7. 그 밖의 치료적 접근

1) 섭식장애의 예방

　일반적으로 섭식장애를 예방하기 위해서는 장애의 발생과 관련된 과정을 잘 알고 있어야 한다. 그러나 현재로서는 이러한 지식이 매우 부족한 실정이다. 그 동안 축적된 연구들을 통해 우리가 현재 알고 있는 것은 장애 발생에 바로 인접한 사상들에 관한 것들이며, 다이어트가 가장 보편적인 전조에 속한다.

　현재 유일한 선택은 유익한 영향을 미칠 것이라고 예상되는 가능한 예방 기법들을 사용하는 것과 예상대로 효과가 있는지를 점검해 보는 수준이다. 지금까지는 주로 가장 발생 가능성이 높은 연령집단, 즉 청소년들에게 섭식장애를 일으킬 수 있는 행동인 다이어트와 체중 감소 행동구토, 설사제 사용을 교정하고 감소시키는 데 초점을 두고, 이런 목적에서 다양한 교육 프로그램이 개발되어 왔다. 그러나 대체로 이런 시도들은 섭식장애, 다이어트, 체중 감량 행동 등에 대한 지식은 넓혔지만, 행동상의 변화는 가져오지 못하였다. 주로 청소년들이 이 장애에 많이 걸리므로 예방책들은 학교 관련 방법들에 맞추어졌다. 다이어트를 하는 사람들 중에 소수만이 섭식장애에 걸리는데, 이들은 이런 프로그램에 대해 별로 좋게 생각하지 않을 가능성이 많다.

장애 가능성이 높은 사람들을 찾아서 예방책을 사용해야 한다는 이상적인 주장도 제기되고 있지만, 그들을 찾는다는 것은 매우 어려운 일이다. 그리고 아직까지 섭식장애를 효과적으로 줄일 수 있는 뾰족한 방법도 없는 실정이다. 정치적인 예방책을 주장하는 사람들도 있다. 즉, 병인으로서 사회적인 요인을 강조하는 입장이다. 이들은 사회문화적 요인들이 섭식장애의 발생과 밀접한 관련이 있다고 본다. 그래서 유행과 다이어트 회사들이 주된 표적이 된다. 그러나 날씬함을 이상적으로 생각하는 문화가 그렇게 쉽게 교정될 수 있을지는 의심스럽다.

대부분의 경우, 섭식장애가 발생한 뒤 치료를 받기까지는 꽤 오랜 기간이 걸린다. 두 번째 예방의 목표는 이 기간을 줄이는 데 있다. 이를 위해서, 도움을 일찍 청하게 하거나 청하

지 않게 하는 요인이 무엇인지 탐색하게 한다. 우선, 도움을
받는 데 다음과 같은 장애요인이 있을 수 있다.

• 장애를 지닌 사람이 우선 그것을 문제로 보지 않는다. 이
  런 태도는 특히 거식증 환자들에게 만연되어 있다.
• 장애가 저절로 사라질 것이라는 희망을 갖는다. 장애 정
  도가 경미한 경우 실제 이런 일이 일어날 수 있다.
• 섭식문제가 도움을 받을 만큼 심하지 않다고 생각하거
  나, 자신은 도움을 받을 가치가 없다고 생각한다.
• 수치심, 죄책감, 비밀 엄수가 특히 폭식증 환자들에게 보
  편적이다. 치료를 받게 되면 다른 사람들이 그들의 문제
  를 알게 될 위험이 생기며, 그동안의 장애를 감추기 위한
  사기와 위장이 드러날 위험이 있다.
• 치료자에게 말하기가 어렵다. 치료자에게 자문을 받았던
  이전의 문제들월경이나 위장장애, 우울, 낮은 자존감 등이 실제 섭식
  문제의 결과일 수 있는데, 치료자가 진정한 원인을 말하
  지 않았다고 치료자를 불신할 수 있다. 치료자에게 말하
  러 갔다가 마지막 순간에 겁이 나서 말을 안 할 수도 있다.
• 치료를 받으면 체중이 증가할 것이라는 치료에 대한 공
  포가 있다.
• 재정적인 문제가 있다.

치료자는 섭식장애의 특성과 초기 특징들을 잘 알려서, 환자 자신이나 주변 사람들이 언제 문제가 있는지를 알 수 있도록 노력해야 한다. 특히 장애 가능성이 높은 사람들을 만나는 교사와 스포츠 코치와 같은 사람들에게 이런 지식을 가르쳐야 한다. 환자들이 효과적인 도움을 받는 것이 중요한데, 환자들은 자기조력 형태로 제공되는 건전한 교육과 조언에 대해서는 반응을 보일 가능성이 높다.

현실적인 문제는 거식증 환자들이 치료에서 도움을 거의 받지 못하며, 재발이 매우 흔하다는 것이다. 폭식증도 만성이 되는 경우가 많다. 따라서 만성 섭식장애와 연관된 병적 상태와 치명성을 감소시키는 것이 목표가 되어야 한다.

2) 심리교육

심리교육은 환자의 태도와 행동의 변화를 촉진할 목적으로 환자의 장애와 그것을 극복하는 방법에 대해 환자에게 정보를 제공하는 것이다. 환자가 정보를 받을 자격이 있으며 스스로를 돌보기 위한 결정을 내릴 때 그 정보를 사용할 능력이 있다는 치료자의 태도가 필요하다.

치료자는 병리 등 전반적인 지식이 풍부해야 하며, 정직하게 답변해 줄 준비가 되어 있어야 하고, 자기 지식의 한계를 인정할 수 있어야 한다. 한편, 치료자의 태도는 단호하고 공감적이며 비판적이지 않아야 하지만, 환자가 가진 체중과 체형에 대한 생각에 휩쓸려서는 안 된다. 또한 환자가 치료자를 자신의 회복을 목표로 하는 협동적 노력의 중요한 부분이라는 느낌을 가질 수 있도록 한다. 치료자는 환자가 변화할 수 있다는 확신을 가지고 임해야 한다.

(1) 심리교육의 전제

심리교육의 전제는 부정확하거나 잘못된 정보로부터 어떤 부적응적인 신념이 생겼다고 보는 데 있다. 심리교육이란 순전히 태도 및 행동의 변화를 목적으로 환자에게 장애에 관한 정보와 그것을 극복하는 방법을 제공해 주는 것을 말한다. 이때 치료자의 태도가 중요하다. 환자가 섭식장애에 관한 정보를 접할 수 있고, 자신의 치료에 관한 결정을 할 수 있다는 치료자의 태도는, 치료자가 환자에 대해 결정을 내려야 한다고 보는 전통적인 입장과는 거리가 있다. 환자에게도 선택권과 결정권이 있음을 치료자와 환자 모두 인식해야 한다.

(2) 심리교육의 내용

심리교육의 내용으로는 다음의 주제들을 일반적으로 포함한다.

• 섭식장애의 여러 가지 원인

섭식장애의 원인은 다양하며, 생물학적·심리적·가족적·사회문화적 요인들 간의 상호 작용의 결과로서 생겨나고 지속된다. 그러므로 치료에서는 환자들에게 해당하는 소인 및 유지 요인들을 찾는 반면, 집단적인 심리교육에서는 환자들이 스스로 배운 것을 자신들의 상황에 적용하도록 격려한다. 처음 장애가 생기게 한 것과 장애를 유지하게 하는 것은 다를 수 있다는 것을 이해하는 것이 중요하다.

• 의학적 합병증 및 구토, 설사제, 이뇨제 남용의 영향

환자들이 겪는 많은 신체 증상은 환자들이 굶기 때문에 신체가 에너지를 보존하기 위한 결과다. 어지럽고 심약한 것은 심박률과 혈압이 떨어졌기 때문이다. 이로 인해 체온이 저하되고 추위에 약해지며, 장의 연동운동이 감소하면서 변비가 생긴다. 많은 불쾌한 소화 증상은 구토와 설사제 사용과 직접 관련이 있다. 구토를 통해 올라온 위산으로 인해 치아의 에나멜이 부식되고 구강 위생도 나빠진다. 또 이하선이 팽창되어 이로 인해 얼굴이 부었다는 소리를 듣게 된다.

설사제 사용은 대장의 정상적인 기능을 방해하며, 말기 단계에 가면 내장이 완전히 늘어지고 반응을 보이지 못해서 장 절제 수술을 받아야 할 지경에 이른다. 구토와 설사제 사용은

출혈, 빈혈, 식도나 장의 천공이나 죽음에까지 이를 수 있다. 설사제나 이뇨제 남용뿐만 아니라 구토도 칼륨과 같은 전해질 결핍을 가져온다. 이는 근육경련 약화, 불규칙한 심장박동, 갑작스런 심장 정지 등의 증상을 가져올 수 있다.

설사제 사용은 체중 감량에도 별로 효과적이지 않다. 왜냐하면 대체로 설사제는 칼로리가 소장에서 다 흡수된 뒤 대장에서 작용하기 때문이다. 설사제나 이뇨제를 통해 체중 감소가 일어난다 해도 체액의 변동과 관련이 된다. 이 경우 악순환의 고리가 형성되는데, 신체는 다시 체액을 재흡수함으로써 체중을 원상태로 복구시킬 것이다. 그러면 다시 설사제나 이뇨제를 사용해야 하는 것이다.

• 기본적인 영양 공급

여러 가지 음식 성분이 신체에 의해 처리되는 방식에 관한 기본적인 지식을 제공함으로써 이 영역의 신화들과 환자의 공포를 다룰 수 있다. 환자들은 정상적인 식사를 하도록 권유받으며 주의 깊게 식사를 계획하고, 느낌과 관계없이 기계적인 식사를 하도록 권유된다. 결국 식사 계획은 모든 음식을 포함해야 하며, 단기적으로 피했던 음식들도 점차 계획된 시기에 다시 먹을 필요가 있다. 적절한 음식의 양이나 적절하지 않은 음식의 양과 음식의 종류를 그린 그림을 보여 주어서, 환자들이 다이어트를 하지 않는 식사에 대해 명확한 심상을 가질 수 있도록 한다.

• 사회문화적 요인과 신체상 문제

환자에게 여성들이 날씬해져야 한다는 압력, 시대에 걸친 이상적인 여성 신체상에 대한 변화를 보여 준다. 이를 통해 환자들은 날씬해지고 싶은 충동이 사회문화적 맥락과 관련이 있다는 것을 깨닫게 될 것이다. 여성은 여성의 신체가 광고와 미디어에서 이용되는 방식에 대해 토론함으로써 여성 신체의 대상화에 대해 정당한 분개를 할 수 있게 된다. 한편, 이런 대상화는 현재의 문화적 이상에 대해 여성들이 저항할 힘이 없다고 느끼게 만들 수 있다. 섭식장애를 지닌 많은 여성은 신체상의 경멸감과 낮은 자존감을 경험하면서도 이 둘은 별개라고 생각하는 경향이 있다.

행복하고 싶고 자기 자신에 대해 기분 좋게 느끼고 싶은 욕구는 정상적이지만, 체중 통제를 통해 이런 목적을 달성하려는 노력은 종종 성공하지 못하거나 너무 많은 대가를 요구한다. 환자들이 이미 '자존감을 개선시키기 위한 방법으로 체중 통제'를 해 왔기 때문에, 그들에게는 일정 기간 동안 다른 접근을 하도록 권유해야 한다. 이런 노력에는 외모로서 가치를 인정받는 수동적 태도보다는 행위의 주체로서 자기 자신을 스스로 인정하는 태도가 포함되어야 한다.

• 인지적 및 행동적 책략

사고오류, 신념체계, 인지재구조화 행동적인 자기통제 책략들과 인지적 대처 전략들은 종종 환자들에게 유용하게 이용될 수 있다. 이러한 교육적인 정보를 제공하는 것은 유익한 사고를 하게 만든다.

• 재발 예방

환자들이 회복 경과에 대해 현실적인 기대를 갖는 것이 중요하다. 그들은, 증상들은 변동하며 전체 회복 과정에는 시간이 필요함을 알 필요가 있다. 또한 재발과 '실수'를 구분해야 한다. 만약 실수를 했다면, 그 행동을 적절히 명명할 수 있는 준비가 되어 있어야 하고, 다음 식사 때 정상적인 식사로 돌아와야 한다. 이때 회복의 초기 단계에 도움이 되었던 책략들을 적용한다. 재발 가능성을 높일 수 있는 상황들에 대한 논의도 유용할 것이다.

3) 기타 치료 유형

(1) 입원치료

거식증 환자들은 심하게 마르고 합병증의 위험이 있기 때문에 종종 입원을 하게 된다. 입원치료를 결정하게 하는 요인은 정상 체중의 20~30% 이상 체중이 감소하는 것, 이차적 정신병리의 정도, 현재 진행 중인 외래치료의 성공 여부, 문제가 되는 섭식 행동의 심각성 등이다.

입원하기 전에 치료자는 환자와 가족 간에 치료 계약을 협의하는 것이 좋다. 이 계약은 어느 정도의 목표가 달성되면 퇴원할 것인가에 대한 것이다. 물론 가장 중요한 것은 체중이 느는 것이다. 체중 증가는 신체적·사회적 활동, 집에 다녀오기 등으로 정적인 강화를 받는다. 체중 증가에 실패하면 방에 가두기, 침대에 가두기, 심한 경우 관을 통해 음식을 먹이기 등 처벌을 받게 된다. 환자가 영양사와 함께 건강한 섭식 습관과 영양에 관해 함께 얘기하는 것이 중요한데, 처음에는 영양사가 식단을 짜 주지만 치료가 점차 진전되면 환자가 식사 계획에 좀 더 많은 책임을 지도록 격려해 준다.

(2) 가족치료

일단 체중이 늘기 시작하면 가족치료를 시작한다. 거식증 환자의 가족들은 대개 응집력이 약하고 정서를 억제하는 편이다. 과도한 갈등이 있고 의사소통도 잘 안된다. 또 폭식형 거식증의 가족 환경은 절제형 거식증보다 더 적대적이고 갈등을 보이며, 고립되고 결핍을 보이고, 조직이 안 되어 있으며, 덜 양육적이고, 지지와 이해가 부족하다. 이때에는 특별한 개입을 통해 섭식과 다른 두려움, 걱정에 대해 솔직하고 주장적인 논의를 잘할 수 있도록 가족 구조를 치료한다.

(3) 자가치료

자가치료는 치료자의 지지와 인도를 받아 환자가 스스로 프로그램을 따라 할 수 있도록 단계적인 보살핌을 제공하는 프로그램이다. 치료 회기는 30분 이하이며, 5~10회기 정도에 끝난다. 이 방법은 환자가 자신의 치료를 통제한다고 느끼므로 환자에게 힘을 줄 수 있으며, 특별히 전문적인 치료자가 필요한 것이 아니기 때문에 우선 자신을 보살피는 데 적당하고, 시간이 비교적 적게 든다는 장점이 있다. ◆

참고문헌

윤순임, 이죽내, 김정희, 이형득, 이장호, 신희천, 이성진, 홍경자, 장혁
표, 김정규, 김인자, 설기문, 전윤식, 김정택, 심혜숙(1995). 정신
분석치료. 현대 상담·심리치료의 이론과 실제, 서울: 중앙적성출판
사, 13-81.

이상선(1993). 여대생의 식사행동과 심리적 요인들의 관계. 연세대학교
대학원 석사학위 청구논문.

이임순(1997). 섭식절제가 식이행동에 미치는 영향. 고려대학교 대학원
박사학위 청구논문.

American Psychiatric Association (1980). *Diagnostic and statistical
manual of mental disorders* (4th ed.). Arlington, VA:
American Psychiatric Association.

American Psychiatric Association (2013). *Diagnostic and statistical
manual of mental disorders* (5th ed.). Arlington, VA:
American Psychiatric Association.

Beck, A. T., Rush, A. J., Shaw, B. F., & Emery, G. (1979). *Cognitive
therapy of depression.* New York: Guilford Press.

Boris, H. N. (1984). The problem of anorexia nervosa. *International
Journal of Psychoanalysis, 65,* 315-322.

Bruch, H. (1973). *Eating disorders: Obesity, anorexia nervosa and the person within.* New York: Basic Books.

Bruch, H. (1987). *The golden cage: The enigma of anorexia nervosa.* Cambridge, MA: Harvard University Press.

Cooper, P. J., Taylor, M. J., Cooper, Z., & Fairburn, C. G. (1987). The development and validation of the Body Shape Questionnaire. *International Journal of Eating Disorders, 6,* 485-494.

Cooper, Z., & Fairburn, C. G. (1987). The eating disorder examination: A semi-structured interview for the assessment of the specific psychopathology of eating disorder. *International Journal of Eating Disorders, 6,* 1-8.

Fairburn, C. G. (1981). A cognitive behavioural approach to the management of bulimia. *Psychology and Medicine, 11,* 707-711.

Fairburn, C. G. (1985). Cognitive-behavioural treatment for bulimia. In D. M. Garner & P. E. Garfinkel (Eds.), *Handbook of psychotherapy for anorexia nervosa and bulimia.* New York: Guilford Press.

Fairburn, C. G., Cooper, Z., & Cooper, P. J. (1986). The clinical features and maintenance of bulimia nervosa. In K. D. Brownell & J. P. Foreyt (Eds.), *Handbook of eating disorder: Physiology, psychology and treatment of obesity, anorexia and bulimia.* New York: Basic Books.

Gabbard, G. O. (1994). *Psychodynamic psychiatry in clinical practice.* Washington, DC: American Psychiatric Press.

Garner, D. M. (1986). Cognitive Therapy for anorexia nervosa. In K. D. Brownell & J. P. Foreyt (Eds.), *Handbook of eating disorders:*

Physiology, psychology and treatment of obesity, anorexia and bulimia. New York: Basic Books.

Garner, D. M. (1991). *EDI-2: Professional manual.* Odessa, FL: Psychological Assessment Resources, Inc.

Garner, D. M., & Garfinkel, P. E. (Eds.). (1985). *Handbook of psychotherapy for anorexia nervosa and bulimia.* New York: Guilford Press.

Garner, D. M., & Garfinkel, P. E. (1979). The Eating attitude test: An index of the symptoms of anorexia nervosa. *Psychological Medicine, 9*, 273-279.

Garner, D. M., Olmsted, M. A., & Polivy, J. (1983). Development and validation of a multidimensional eating disorder inventory for anorexia and bulimia. *International Journal of Eating Disorder, 2*, 15-34.

Goodsitt, A. (1969). Narcissistic disturbances in anorexia nervosa. In S. C. Feinstein & P. L. Giovacchini (Ed.), *Adolescent Psychiatry,* Vol. 5. New York: Jason Aronson.

Gull, W. W. (1874). Anorexia nervosa (apepsia hysterica, anorexia hysterica). *Transactions of the Clinical Society of London, 7*, 22-8.

Kohut, H. (1971). *The analysis of the self.* New York: International Universities Press.

Lacey, J. H. (1983). Bulimia nervosa binge eating, and psychogenic vomitting: A controlled treatment study and long term outcome. *British Medical Journal, 286*, 1609-1613.

Lasegue, C. (1873). On hysterical anorexia. *Medical Times Gazette,*

2, 265-266.

Masterson, J. F. (1977). Primary anorexia nervosa in the borderline adolescent: An object relations view. In P. Hartocollis (Ed.), *Borderline personality disorders* (pp. 475-495). New York: International Universities Press.

Minuchin, S., Rosman, S. L., & Baker, L. (1978). *Psychosomatic families*. Cambridge, MA: Harvard University Press.

Morton, R. (1694). *Phthisiologia: Or a treatise of consumptions*. London: Smith and Walford.

Palazolli Selvini, M. (1974). *Self-starvation*. London: Chaucer Publishing.

Russell, G. F. M. (1979). Bulimia nervosa: An ominous variant of anorexia nervosa. *Psychology and Medicine, 9*, 429-448.

Silverman, J. A. (1995). History of anorexia nervosa. In K. D. Brownell & C. G. Fairburn (Eds.), *Eating disorders and obesity: A comprehensive handbook*. New York: Guilford Press.

Simmonds, M. (1914). Üer embolische prozesse in der hypophysis. *Archives of Pathology and Anatomy, 217*, 226-239.

Sours, J. A. (1980). *Starving to death in a sea of objects: The anorexia nervosa syndrome*. New York: Jason Aronson.

Thelen, M., H., Farmer, J., Wonderlich, S., & Smith, M. (1991). A revision of the Bulimia test: The BULIT-R. *Psychological Assessment, 3*, 119-124.

Thomä H., & Kähele, H. (1985). Psychoanalytic practice. Berlin, Heidelberg, NY: Springer-Verlag.

Williamson, D. A. (1990). *Assessment of eating disorders: Obesity,*

anorexia, and bulimia nervosa. Elmsford, New York:
Pergamon.

Yager, J. (1984). The treatment of bulimea: An overview. In P. S.
Powers & R. C. Fernandez (Eds.), *Current treatment of
anorexia nervosa and bulimia.* Basel: Karger.

찾아보기

《내 용》

◎ 저자 소개

김정욱(Jung-wook Kim)

서울대학교 심리학과를 졸업하고 동 대학원에서 상담심리학 전공으로 석사학위와 박사학위를 받았다. 이후 약 4년간 서울대학교 학생생활연구소에서 상담연구원으로 근무하였고 1998년부터 2016년까지 서울정신분석상담연구소에서 연구원 및 부소장을 지냈다. 서울대학교, 가톨릭대학교, 연세대학교, 성신여자대학교, 덕성여자대학교 등에서 강의하였고, 현재는 마인드앤소울 심리상담센터 소장으로 재직하고 있다. 한국심리학회 공인 상담심리전문가(113호)다. 주요 저서로는 『연극성 성격장애』, 주요 역서로는 『멜라니 클라인』 『경계선 장애와 병리적 나르시시즘』(공역), 『전이초점 심리치료 입문』(공역) 등이 있으며, 상담심리학회 및 임상심리학회에서 「경계선 내담자에 대한 정신분석심리치료」 「정신분석적 사례공식화」 「전이초점심리치료」 「자기 심리학」 등을 발표하였다.

ABNORMAL PSYCHOLOGY 13

섭식장애 먹는 것 뒤에 가려진 심리적 문제

Eating Disorders

2000년 6월 20일 1판 1쇄 발행
2011년 9월 7일 1판 5쇄 발행
2016년 11월 15일 2판 1쇄 발행
2024년 1월 25일 2판 3쇄 발행

지은이 • 김 정 욱

펴낸이 • 김 진 환

펴낸곳 • (주) **학지사**

　　　　　　04031 서울특별시 마포구 양화로 15길 20 마인드월드빌딩 5층

대표전화 • 02) 330-5114　　　팩스 • 02) 324-2345

등록번호 • 제313-2006-000265호

홈페이지 • http://www.hakjisa.co.kr
인스타그램 • https://www.instagram.com/hakjisabook/

ISBN 978-89-997-1013-1 94180
ISBN 978-89-997-1000-1 (set)

정가 9,500원

　출판미디어기업 **학지사**

간호보건의학출판 **학지사메디컬** www.hakjisamd.co.kr
심리검사연구소 **인싸이트** www.inpsyt.co.kr
학술논문서비스 **뉴논문** www.newnonmun.com
원격교육연수원 **카운피아** www.counpia.com